Distribution: Messageries de presse Benjamin
101, rue Henry-Bessemer
Bois-des-Fillion (Québec) J6Z 4S9
450-621-8167

SAVOIR VIVRE

C'est facile!

GUIDE DE SAVOIR-VIVRE POUR LES FILLES

LES ÉDITIONS LA SEMAINE
2050, rue de Bleury, bureau 500
Montréal (Québec) H3A 2J5
514 871-1625

Vice Président éditions secteur livres : Louis-Philippe Hébert
Directrice des éditions : Annie Tonneau
Directrice artistique : Lyne Préfontaine
Coordonnatrice aux éditions : Françoise Bouchard

Directeur des opérations : Réal Paiement
Superviseure de la production : Lisette Brodeur
Assistante-contremaître : Joanie Pellerin
Infographiste : Marylène Gingras
Scanneristes : Patrick Forgues, Éric Lépine
Collaborateurs : Francis Robidoux, Joannie Croteau,
Raymonde Spenard, Danielle Huard, Kassandra Paré
Réviseures-correctrices : Monique Lepage, Julie Pinson, Marie Théorêt
Photos couverture et intérieur : Christian Hébert, photographe
Maquillage : Danielle Huard
Illustration : Béatrice Favereau, Shutterstock
Uniforme scolaire : Uniformes Savage, Collège Charles Lemoyne

L'Éditeur bénéficie du soutien de la Société de développement
des entreprises culturelles du Québec pour son programme d'édition.

Nous reconnaissons l'aide financière du gouvernement du Canada par
l'entremise du Fonds du livre du Canada pour nos activités d'édition.

Remerciements
Gouvernement du Québec — Programme du crédit d'impôt
pour l'édition de livres — Gestion SODEC.

© Charron Éditeur Inc.
Dépôt légal : premier trimestre 2010
Bibliothèque et Archives nationales du Québec
Bibliothèque et Archives Canada
ISBN : 978-2-923771-43-4

SANDRA PARÉ

SAVOIR VIVRE

C'est facile!

GUIDE DE SAVOIR-VIVRE POUR LES FILLES

ÉDITIONS
LA SEMAINE

À tous les parents de ces filles qui liront ce livre :

*Votre fille devient doucement une jeune femme.
Tous les jours, elle prend conscience de la place
qu'elle devra occuper dans notre monde.
Vous êtes et resterez toujours le phare qui la
guidera dans son épanouissement. Espérons que
ce livre saura vous réunir dans ce beau voyage.*

INTRODUCTION

- *Kassandra, redresse-toi un peu, on dirait que tu portes tous les problèmes du monde sur tes épaules ! Je plains ta pauvre colonne vertébrale de subir une telle pression !*
- **Fais pas ci, fais pas ça ! Franchement, maman, je ne sais plus comment me comporter. Des fois, je suis encore ta petite fille et, d'autres fois, je dois me conduire comme une adulte ! Je grandis si vite, tu sais, et j'ai tellement de questions à poser et de choses à apprendre !**

Vous aussi, vous avez beaucoup de questions à poser ?

* * *

On vous reproche plusieurs de vos actions ?

* * *

Vous aimeriez savoir comment
vous comporter en société ?

* * *

Vous aimeriez grandir avec une certaine classe
sans avoir l'air snob ?

* * *

Vous aimeriez vivre une belle adolescence
sans trop de soucis ?

Dans un langage simple, ce livre tentera de répondre à plusieurs de vos questions. Il vous permettra d'en apprendre un peu plus sur ce qui se fait ou ne se fait pas en société. Que doit-on porter en telle ou telle occasion ? Quel message envoyez-vous lorsque vous adoptez une coiffure plutôt qu'une autre ? De quelle façon vous exprimer clairement et fermement tout en restant polie ? Comment vous asseoir et comment vous tenir debout ? Non, ce ne sont pas seulement des règles de savoir-vivre : c'est de votre confiance en vous-même qu'il est question.

Ma fille Kassandra entre dans cette étape importante de sa vie qu'est la préadolescence. Suivez-nous à travers les questionnements et les inquiétudes d'une adolescente au seuil d'un monde où l'on attend beaucoup d'elle. Comme de vous, parents.

Qui a dit que l'adolescence devait être vécue sous forme de « crise » ? Apprenez à vous faire confiance et à traverser les étapes de l'adolescence tout en diminuant les sources de conflits avec votre entourage. Ce guide vous démontrera que savoir vivre, c'est facile !

CHAPITRE 1

DÉMARCHE, MAINTIEN ET ATTITUDE

Votre posture en dit long sur vous et sur vos émotions !

Notre vie à tous est faite en grande partie d'émotions. Personne n'y échappe, les préadolescents et les jeunes adultes non plus. Mais à cet âge, les changements physiques et psychologiques sont rapides et draconiens : l'école, les changements hormonaux, les premiers sentiments amoureux, les impératifs de la société... Vous demandez de plus en plus d'autonomie à vos parents et, en échange, on dirait qu'ils deviennent plus exigeants envers vous. Comment faire face à tous ces bouleversements ?

Sachez d'abord et avant tout que votre attitude et votre posture en disent long sur vous. Votre façon de vous tenir et d'agir est une forme d'expression vis-à-vis de ceux qui vous regardent et partagent votre vie. Et alors ? Que pouvez-vous y faire ? Eh bien, la bonne nouvelle, c'est que vous pouvez, en prenant le contrôle de votre corps, gagner en assurance et inspirer une plus grande confiance aux gens qui vous entourent.

L'élégance est une excellente façon de démontrer de la maturité. N'est-ce pas ce qu'on désire, lorsqu'on est une jeune fille qui grandit, que d'avoir l'air mûre ? Vous ne devriez jamais avoir à réfléchir à votre posture. Quand savoir bien vous tenir sera devenu naturel, vous étonnerez votre entourage et recueillerez des compliments.

L'analyse de la gestuelle (synergologie) sert aujourd'hui d'outil dans bien des domaines. Saviez-vous qu'on peut savoir si vous mentez lorsque vous touchez votre nez ou si vous avez des remords lorsque vous mordez votre lèvre inférieure ? Prenez conscience qu'on peut lire vos émotions à travers vos gestes « parasitaires ».

Votre posture et votre santé

Une mauvaise posture lorsque nous sommes assises peut aller jusqu'à entraîner des problèmes de santé à long terme. Une petite bedaine qui pousse ou des maux de dos sont très souvent le résultat d'une mauvaise façon de nous asseoir ou de nous tenir debout. Une bonne posture nous permettra d'ouvrir notre cage thoracique (les côtes) et ainsi de mieux respirer... donc d'être moins stressées !

La plupart des maux de dos, de ventre et même la constipation peuvent être évités si vous prenez l'habitude de vous asseoir le dos droit, les omoplates et les abdominaux soutenus. Respirez doucement.

RÈGLE :
En position assise, éviter de bouger continuellement sur sa chaise. Répartir son poids de façon égale afin d'éviter des inconforts inutiles.

Prenez le temps d'appuyer votre fessier au fond de votre chaise, puis appuyez vos omoplates à votre dossier. Vous aurez ainsi la sensation d'avoir le contrôle de la situation et, tout à coup, vos abdominaux et stabilisateurs entreront en action et vous offriront un meilleur support.

- *C'est vrai, maman, je respire mieux et je me sens plus détendue ! Je devrais le montrer à mes amies.*

- *Ma chère Kassandra, laisse tes amies décider par elles-mêmes. Tu verras que ta nouvelle attitude sera contagieuse et que plusieurs voudront te copier. Il ne faut pas chercher à éduquer les autres, tu pourrais t'attirer des problèmes. Fais ce que tu juges être bon pour toi. C'est ça l'important.*

Clin d'œil

Plus je demanderai d'autonomie à mes parents,
plus ils deviendront exigeants envers moi.

* * *

Sur 24 heures, je suis plus ou moins 8 heures debout,
8 heures assise et 8 heures couchée. L'équation en
vaut la peine si je passe tous ces moments
« de travers » !

* * *

Ma façon de me tenir, debout ou assise, ainsi que ma
façon d'agir sont une forme d'expression vis-à-vis
de ceux qui me regardent et partagent ma vie.

* * *

L'élégance et le savoir-vivre sont une façon de
démontrer de la maturité : je gagnerai ainsi en
assurance et on me fera davantage confiance.

* * *

Mon dos est droit, mes omoplates sont rapprochées
et mon ventre est rentré... Je respire doucement,
c'est bon !

* * *

Même si j'ai envie d'étonner mon entourage
et de recevoir des compliments, je dois le faire
avant tout pour moi, pour être fière de moi.

* * *

Je désire être une vraie citoyenne du monde dans
ce qu'il a de meilleur à m'offrir, je n'ai pas envie
d'être en « crise » d'adolescence.

* * *

Cela doit devenir naturel de savoir bien me tenir
en public.

* * *

S'asseoir avec élégance

❶

On ne croise pas les bras sur soi.

❷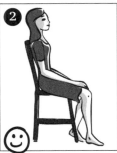

On appuie ses omoplates et son fessier au fond de la chaise.

❸

On ne s'appuie pas sur les barreaux.

❹

Siège trop haut ? On ne balance pas les pieds.

❺

Siège trop bas ? On ramène les jambes vers soi.

❻

Nos pieds et nos genoux sont rapprochés.

❼

On ne s'assoit pas le dos rond.

❽

On ne croise pas la jambe à la hauteur du genou.

❾

On ne se balance pas sur la chaise.

Une attitude qui impressionne

Quel que soit le métier que vous désirez exercer plus tard, vous ne resterez sans doute pas enfermée chez vous. Vous aurez des rendez-vous importants, de grandes sorties. Si vous savez contrôler votre posture, cela fera toujours et partout bonne impression et vous vaudra une plus grande assurance. Quel plaisir vous aurez de ne pas avoir à vous concentrer sur la position de vos mains ou de vos pieds ! Vous pourrez savourer le moment présent dans le calme, puisque vous aurez confiance en vos gestes.

> **RÈGLE :**
> Bien se tenir a toujours fait partie du protocole des grandes nations. Le protocole ne sert pas qu'à faire des cérémonies. Il est un moyen dont se servent les chefs d'État et les personnes publiques pour donner un cadre et une atmosphère rassurante à leurs activités.

Les autres n'auront rien à dire contre vous si vos gestes sont naturels et si vous ne cherchez pas à attirer l'attention. Si une camarade vous juge de façon exagérée, les autres lui feront remarquer que cela ne la regarde pas et elles iront peut-être jusqu'à lui affirmer qu'elle devrait suivre votre exemple. L'assurance d'une personne est toujours remarquée positivement par les gens qui ont de bonnes valeurs dans la vie. Mais, surtout, ne donnez pas de leçons aux autres, vous risqueriez fort de vous rendre impopulaire !

Le snobisme est le raffinement de la grossièreté.
Ne vous laissez pas prendre au jeu !
— Dictionnaire inutile... mais pratique

Grandir dans la fierté

La fierté peut être vue comme une forme de snobisme ou d'arrogance. Qu'importe. La vraie fierté repose sur l'estime de soi. Eh oui, la politesse, la gentillesse et la courtoisie sont vos premières armes pour conquérir le monde ! Vous êtes la meilleure de votre équipe de natation ? Vous êtes fière de vous, c'est le principal. Attendez que les autres vous félicitent.

> *- Oui, maman, mais je ne veux pas avoir l'air pincée ou snob. En classe, Tara est toujours en train d'analyser chacun de mes gestes. Elle ira dire à tout le monde que je me prends pour une autre.*
>
> *- Kassandra, il ne faut pas laisser tes camarades décider de ce qui est bon pour toi. Tara cherche peut-être justement à mieux paraître que toi. Sa façon à elle d'y arriver est probablement d'essayer d'ébranler ta confiance. Ne tiens pas compte de ses remarques.*

On n'exige jamais un compliment. « As-tu vu, j'ai gagné la compétition ! » Voyons, vous n'avez pas besoin de cela ! Votre satisfaction personnelle devrait suffire ! Lorsque nous agissons de la meilleure façon possible (en tenant compte de nos connaissances), nous avons le droit d'être fières de nous. Fières, pas face aux autres, mais face à nous-mêmes. Vouloir toujours prouver ses actions auprès des autres, ce n'est pas être fière de soi, c'est avoir besoin d'approbation.

Vous avez parfaitement le droit d'aspirer au meilleur dans votre vie et de vous fixer des buts. Il faut simplement le faire pour soi-même et non pour recevoir de l'amour et de l'attention des autres.

Clin d'œil 👁

Je ne cherche pas l'approbation, puisque je fais les choses dans le respect de moi-même et des autres.

* * *

Je suis moi-même et je ne cherche pas à être quelqu'un d'autre.

* * *

J'apprends toujours plus sur moi et je m'efforce de changer ce qui va moins bien.

* * *

Je souhaite devenir la meilleure, sans écraser les autres.

* * *

Je désire être la plus efficace tout en respectant l'évolution des autres.

* * *

Je veux acquérir des connaissances en étudiant plus que les autres.

* * *

J'aspire à devenir la plus créative en écoutant mes propres aspirations, ma voix intérieure.

* * *

Je deviendrai plus productive en m'informant des outils mis à ma portée.

N'oubliez pas que la réussite peut solliciter la jalousie et l'envie chez certains. Soyez humble.

Le talent sans l'humilité, c'est comme conduire une voiture la tête sortie par le toit ouvrant : pas très rassurant !

Comment devient-on une « grande » personne ?

Il ne s'agit pas ici de devenir « grande » en centimètres... Là-dessus, pas de leçon à donner, votre auteure étant un « p'tit » bout de femme. Je vous parle ici de grandir dans votre esprit et dans votre cœur ! On dit souvent qu'une personne est grande au-dessus des épaules ou entre les deux oreilles.

> *- Maman, tu m'as toujours dit que pour être une grande personne, il faut s'élever AVEC les autres et non s'élever au-dessus des autres. Qu'est-ce que cela veut dire ?*

Voici comment grandir avec les autres...

1) Acceptez qu'on ne grandit jamais seule : on a besoin des autres.
2) Acceptez de changer et de vous améliorer à chaque instant.
3) Soyez un exemple pour vous-même plutôt que pour les autres.
4) Inspirez les personnes autour de vous pour les aider à « grandir » elles aussi.
5) Permettez aux autres de vous dépasser, pour mieux les rattraper.
6) N'ayez pas peur de vous démarquer.
7) « Pas de changement, pas d'agrément ! »

Debout, fière et surtout pas snob

Je suis grande. **1**

5 Je redresse
ma poitrine.

Mon poids
est balancé
sur mes deux
jambes. **2**

6 Je rentre
mon ventre.

Je rentre
mes omoplates. **3**

7 Je ne laisse pas
pendre mes bras
le long de
mon corps.

Je descends
mes épaules...
et je respire mieux. **4**

8 Je regarde les gens
dans les yeux...
et je suis
GRANDE, fière
et pas snob !

Partir du bon pied et bien droite

La santé, l'équilibre émotionnel et le charme se fabriquent en partie la nuit, pendant que vous dormez. S'il vous manque des heures de sommeil, votre attitude physique autant que psychologique en sera affectée.

Si l'on veut avoir un teint clair et des idées nettes, il faut entre six et huit heures de sommeil par nuit. Certaines jeunes filles ont même besoin de plus de dix heures de sommeil. Il faut donc apprendre à respecter son horloge biologique naturelle.

- C'est quoi, mon horloge biologique naturelle ?

- Chère Kassandra, tu as certainement entendu parler de personnes qui sont « du jour ou du soir »? Plusieurs facteurs peuvent jouer. Toi, tu aimes bien dormir le matin. Tu n'aimes pas courir, tandis que ton ami Xavier est debout à six heures le matin, même les week-ends.

La fatigue chronique est fréquente à cet âge où la jeune fille est en pleine croissance tandis que de grands changements s'opèrent en elle. Son corps a besoin de carburant et, si elle ne dort pas assez, il trouvera le moyen de le lui faire savoir. Elle arrivera plus difficilement à se concentrer et, surtout, elle risquera d'avoir des sautes d'humeur désagréables pour elle... et pour les autres !

Les gens qui vous entourent ne sont pas responsables de votre choix de vous coucher tard un soir. Le lendemain, vous devrez tout de même accomplir vos activités quotidiennes telles que ranger votre chambre, faire vos devoirs et être aimable avec votre entourage. Vous serez l'unique responsable de votre humeur.

CHAPITRE 2

LA CONSOMMATION, UNE QUESTION DE DÉCISIONS

La prise de décision

Sachez que vous traversez la meilleure période pour commencer à prendre les bonnes décisions et que décision rime avec réflexion, tant sur le plan de la consommation de biens personnels que pour les amis que vous choisirez. L'idée : réfléchir AVANT au lieu de regretter après.

Dix questions à vous poser avant d'accepter ou de refuser une offre qu'on vous a faite :

1) Suis-je la bonne personne pour décider de ceci ?
2) Devrais-je m'informer un peu plus avant de dire oui ou non ?
3) Suis-je en réaction contre quelqu'un ou quelque chose ?
4) Ai-je tous les éléments en main ou me cache-t-on des choses ?
5) Ma voix intérieure me dit-elle OUI ou NON ?
6) Serai-je en sécurité après avoir fait ce choix ?
7) Vais-je faire du mal ou décevoir quelqu'un ?
8) Devrais-je en informer quelqu'un avant ?
9) Pourra-t-on me faire confiance par la suite ?
10) Pourrais-je m'en sortir la tête haute ?

Pour refuser une offre, répondez simplement :
« Non, merci ! »
On revient à la charge ?
« Je vais y réfléchir, merci. »
On revient encore à la charge ?
Dites que vous devez en parler à vos parents !

Une acheteuse proactive

Savoir prendre une décision fait partie du respect que l'on doit porter aux autres. Ne pas faire perdre de temps aux autres, c'est faire la part entre ce que l'on désire et ce que l'on peut se permettre. Tous les jours vous faites face à l'OFFRE et à la DEMANDE. On veut vous vendre un produit, donc on vous le PROPOSE ; de votre côté, prenez le temps de RÉFLEXION nécessaire et devenez ainsi une acheteuse PROactive.

ÉVALUATION DE VOS BESOINS	
Ai-je besoin de ce produit ?	Je n'ai pas besoin de ce produit.
TEMPS	
Maintenant	Plus tard
ACTION	
Votre choix est fait ?	Exprimez-le clairement.

Chaque minute, vous êtes bombardée de propositions, que ce soit par la publicité à la télévision et dans les magazines ou les affiches le long des autoroutes. Tout cela entre dans votre subconscient et a pour but de vous convaincre que vous avez besoin ou envie d'un produit.

La PROaction est applicable à tous les aspects de votre vie. Savoir dire OUI ou NON clairement, mais avec tact, est une qualité essentielle à développer.

Faire perdre son temps à un commis ou à une vendeuse qui pourrait s'occuper d'un acheteur décidé est un manque de respect évident. Soyez franche en communiquant vos intentions à cette personne.

Réfléchir et comprendre que vos choix auront une influence sur votre vie fera de vous une jeune femme plus en contrôle et vous évitera bien des regrets.

Le temps est votre allié, prenez-le : « Je m'excuse, je dois réfléchir. Pouvez-vous me donner quelques minutes, pendant que vous servez quelqu'un d'autre ? Je dois faire un p'tit truc avant, je vous reviens rapidement avec ma décision. » Cela vous permettra de réfléchir à vos options avant de vous mettre en action.

Attention, vous êtes ciblée !

Le secteur des vêtements et des produits de beauté (recherche, développement et commercialisation) constitue l'un des marchés les plus lucratifs de la planète. Il est important de savoir que les tendances mondiales de la mode visent avant tout à développer chez vous des habitudes d'achat et que vous êtes parmi les consommatrices cibles de ces recherches.

Le savoir-vivre, c'est aussi le « savoir-choisir ». Savoir choisir les produits de beauté qui sauront mettre votre personnalité en valeur sans vous laisser influencer par les publicités vous demandera un peu de réflexion, mais vous en sortirez gagnante.

Il est tellement plaisant de s'attarder de longues minutes dans les boutiques, même quand on sait qu'on n'achètera pas ! Lorsqu'on vous offre de l'aide, répondez gentiment : « Merci, je veux simplement regarder. » La vendeuse vous suivra certainement du coin de l'œil. Tant qu'à y être, invitez-la à vous présenter ses produits et regardez ce qui pourrait vous convenir. Attention, cependant, soyez franche : rappelez à la vendeuse que vous n'achèterez pas tout de suite, mais que ses conseils de professionnelle sont très appréciés !

DÉJÀ ENTENDU :
Les grands du marché mondial des cosmétiques disent à leurs membres et à leurs employés :
« Si vous ne pouvez leur vendre du savon, vendez-leur du parfum ! »

Le maquillage, ce bel emballage

Vous vous en doutez, la bienséance passe aussi par notre image. Les cosmétiques que nous choisissons sont comme le papier d'emballage d'un cadeau. Il faut regarder sous le papier pour voir ce qui importe vraiment ! Le maquillage ne remplace pas une belle personnalité.

D'abord, les crèmes : attention aux crèmes pour la peau dont la date est périmée. On les reconnaît au fait qu'elles sentent souvent mauvais au contact de la peau. Ce sont les bactéries qu'elles contiennent qui causent ces mauvaises odeurs. Les gens qui s'adressent à vous peuvent même le sentir à distance. Alors, à la poubelle, les pots trouvés au fond d'un tiroir !

> *- Oh ! maman ! je viens de comprendre pourquoi tu ne veux pas que j'utilise ta crème. Tu ne veux pas que nos bactéries se mélangent ?!*
>
> *- En effet, Kassandra, à moins d'avoir un pot à distribution unique (avec une pompe).*

RÈGLE :
Votre maquillage aura beau avoir « l'air » soigné, si votre peau ne semble pas propre ou si le maquillage utilisé est de mauvaise qualité, vous gâcherez votre effet.

Le mascara est sans doute l'outil de maquillage le plus sournois. Il n'est pas rare qu'on développe un orgelet (inflammation de la paupière) à cause d'un mascara trop vieux et contaminé. En passant de vos cils au pot ou au tube, il apporte à l'intérieur du contenant des poussières de bactéries naturelles. Les produits en pot devraient être prélevés et appliqués à l'aide d'un petit bâton prévu à cet effet.

Une peau propre est le canevas de votre image

Le maquillage, c'est bien, mais avant tout, il faut que votre peau soit propre. Les mains, les cheveux, les vêtements et les draps qui se frottent à votre visage sont les premiers agresseurs de votre peau. La pollution et le soleil sont sournois et doivent aussi être surveillés de près.

> *- On s'assure que notre assiette est propre avant de manger : il en va de même pour notre visage avant de le maquiller !*
>
> *- C'est exact, Kassandra, ta comparaison est parfaite : l'eau et le savon sont essentiels à l'opération.*
>
> *- Pourtant, maman, je sais déjà tout ça et je commence tout de même à avoir des points noirs. Y a-t-il quelque chose à faire ?*
>
> *- Eh bien, le fait de changer ta taie d'oreiller plus souvent et d'attacher tes cheveux quand tu dors donnera des résultats. Mais je pense, ma chérie, que dans ton cas, nous devrions aller rencontrer une esthéticienne qui saura te conseiller un produit adéquat pour nettoyer ta peau.*

Si vous n'avez pas la possibilité d'aller rencontrer une esthéticienne, adressez-vous à la cosméticienne de votre pharmacie. Prenez en note les produits qu'elle vous suggérera et parlez-en à votre mère ou à une sœur aînée.

Savoir respecter les autres, c'est aussi faire des efforts pour prendre soin de soi.

RÈGLE :
Le parfum doit être vaporisé ou appliqué sur une peau propre, après la douche. Ne pas en appliquer sur le visage, les cheveux ou les vêtements. Allez-y avec modération !

La bienséance dans le maquillage de tous les jours

On parle de bienséance depuis le début de ce livre, mais savez-vous ce que cela veut vraiment dire ? Pour toutes celles qui se posent encore la question, voici : la bienséance est le respect des règles de la politesse. Synonyme de savoir-vivre, de bonnes manières, de convenances et de politesse.

Ainsi, la bienséance veut que le maquillage du jour se fasse plus discret que celui du soir. Il faut aussi se demander de quoi sera faite la journée. Si vous avez un cours d'éducation physique après votre cours de français, vous n'aurez peut-être pas le temps de vous démaquiller entre les deux. Ou peut-être devez-vous aller travailler après votre dernier cours de l'après-midi ? Quelle image offrirez-vous si votre maquillage est trop exubérant ?

> *- J'imagine mon mascara qui coule durant mon cours d'éducation physique. Je pourrais finir par ressembler à Michael Jackson dans la vidéo* **Thriller** *!*

RÈGLE :
Le camouflage a ses limites. La base de l'élégance est le respect de l'image naturelle de votre visage.

Bref, adaptez votre maquillage à votre vie et non votre vie à votre maquillage. Il en va de même pour les éventuelles entrevues pour un emploi ou pour un événement social. Nous y reviendrons dans d'autres chapitres de ce livre.

CHAPITRE 3

BIENSÉANCE, TENDANCES ET ALTÉRATIONS PHYSIQUES

Tatouages, cette encre débile... euh... indélébile !

> - *Kassandra, te souviens-tu de m'avoir demandé à quoi servaient les tatouages ?*
>
> - *Oui, maman, tu m'as dit que ça venait des tribus aborigènes qui ne portaient pas de vêtements : ils s'en servaient pour se reconnaître entre eux. Mais pourquoi est-ce devenu tellement à la mode chez nous ?*

Les tatouages sont devenus si populaires que l'on semble oublier qu'ils portent un préjudice irréparable à notre enveloppe charnelle (la peau). Les jeunes et les moins jeunes s'y adonnent à cœur joie, mais sommes-nous conscients de l'aspect irrémédiable d'un tel geste ?

Ce qui était d'abord destiné à un groupe de marginaux dans nos sociétés est devenu pratique courante (surtout chez les filles) ! Sans dénigrer le travail artistique derrière cette forme d'expression, je considère le tatouage comme un geste tragique pour une adolescente. Pas étonnant que plusieurs établissements scolaires et employeurs en interdisent la visibilité apparente.

Qu'est-ce que les autres vont penser de moi dans quelques années si je me fais faire un tatouage ? Mais qui sont « les autres » ? Vos amis ? Non ! Les autres sont vos futurs patrons, votre futur conjoint, vos futurs employés et les enfants que vous aurez un jour. Qu'allez-vous leur dire si un jour les tatouages ne sont plus à la mode ? Car aucune mode ne dure indéfiniment. « Oh ! une erreur de jeunesse... »

Bouclons la boucle des piercings

Les piercings, quant à eux, sont en fait des trous béants qui risquent de devenir des plaies hideuses quand vous serez devenue adulte. Nous sommes bien loin du perçage de l'oreille qui est très joli et courant dans notre société depuis belle lurette. Cet endroit de notre corps est moins propice aux infections, puisqu'elle est sur une partie de notre tête qui est moins ou pas du tout en contact avec les glandes sébacées, la salive ou avec de la nourriture. Les risques d'infections sont donc plus minces au niveau de l'oreille.

Lorsque vous faites percer votre lèvre ou votre langue, imaginez la joie des microbes : vous leur donnez accès à ces trous où pullulent les bactéries. D'autant plus qu'à chaque baiser ou chaque fois que vous mangez, vous ajoutez à leur repas de microbes. Je vous épargnerai l'image d'une bactérie, mais parlez-en à votre dentiste ou à votre docteur. Ils peuvent relier ces bactéries à des maladies du cœur ou à des infections importantes au niveau de vos organes internes.

Le bon goût veut que :
- vous couvriez toujours les trous de vos d'oreilles d'une boucle ;
- vous adaptiez vos boucles d'oreilles à la couleur de vos vêtements ;
- vous mettiez des boucles d'oreille en argent, par exemple, si vos lunettes sont argentées ;
- vous enleviez toujours vos boucles pour pratiquer un sport ;
- vous pensiez à les désinfecter à l'occasion et à les conserver dans des espaces propres.

Clin d'œil

Votre peau changera continuellement d'apparence
et de texture en prenant de la maturité. Votre joli
petit papillon tatoué au bas du dos, juste au dessus de
vos fesses, risque d'avoir l'air de Dumbo l'éléphant
volant lorsque vous aurez 35 ou 40 ans.

* * *

À 55 ans, les oreilles de Dumbo l'éléphant
tomberont vers le bas avec votre peau. Le papillon
de vos 20 ans se sera évanoui depuis longtemps.

* * *

Saviez-vous que les cachets des mannequins professionnels peuvent être augmentés de 20 % à 40 %
si elles n'ont aucune cicatrice de chirurgie ni aucun
tatouage ou piercing sur le corps ? La mode est
maintenant au naturel et s'il y a des éléments
visuels à ajouter, ils seront ajoutés par ordinateur
ou à l'*air brush* (temporairement).

* * *

Il est possible d'effacer légèrement un tatouage au
laser ou par chirurgie, mais il s'agit d'une opération
coûteuse et très douloureuse. En plus, il reste souvent
une cicatrice ou une tache.

* * *

Les employeurs ont, pour la plupart, horreur des
piercings et des tatouages. Il n'est pas rare qu'une
jeune fille doive enlever sa boucle de piercing
et travailler avec un pansement au beau milieu
du visage ou au sourcil.

* * *

Finalement, si vous y tenez vraiment, parlez-en avec
vos parents et demandez des références sûres.

La chirurgie plastique : votre corps, votre style

Il est rare de penser à la chirurgie plastique à quatorze ou quinze ans. Mais certaines adolescentes qui acceptent mal leur corps revendiquent le droit d'avoir recours à cette pratique. Augmentation des seins, des lèvres ou du fessier, liposuccion. Grave erreur !

Si la chirurgie esthétique peut être une idée envisageable pour les femmes d'âge mûr ou ayant déjà eu des enfants, il est fortement suggéré aux jeunes filles en période de développement ou de puberté d'attendre quelques années. Seules les chirurgies médicales (pour des raisons de santé) devraient être pratiquées.

Prudence, donc. Ne cherchez pas à remplacer dame Nature. Votre corps est celui que la nature vous a donné et la vie a des projets pour vous. Savez-vous aujourd'hui si vous aurez deux enfants ou si vous n'en aurez pas du tout ? Faites du sport, musclez vos pectoraux et surtout portez toujours un soutien-gorge. Pensez à votre équilibre calories-exercices : « Je dépense ce que je mange. »

« Tu as maigri, tu as engraissé, tu as peu de seins. » Il y aura toujours quelqu'un pour vous rappeler que vous n'avez pas un corps de déesse. Si la question vous embarrasse, dites à votre interlocuteur que vous ne désirez pas en parler. « Je préfère ne pas aborder ce sujet avec toi, tu ne pourrais pas comprendre. » Surtout, ne vous comparez pas et ne cherchez pas à vous justifier. « Éteignez » la question et soyez ferme. La formule « tu ne pourrais pas comprendre » est assez incisive pour arrêter la discussion sur-le-champ.

L'acceptation de soi

Accepter de ne pas être parfaite n'est pas facile. Il y a toujours un petit quelque chose qui nous titille. Un bourrelet, un bouton sur le front, les orteils trop longs, une dent de travers. La liste de constats d'insatisfaction peut être longue. Pourtant, les imperfections sont souvent une signature. Nous sommes tous différents, et c'est tant mieux. Vive la variété !

Vous avez le corps qui est le vôtre et un sourire inspirant. Que demander de plus ? Maintenant, vous avez le choix de faire de votre bolide un véhicule de Formule 1 ou un vieux tacot.

Se prendre en main dans un programme d'exercices accompagné d'un menu santé équilibré, voilà les bonnes bases pour donner à votre corps « l'essence » dont il a besoin... tout en sachant que personne n'est à l'abri d'un accident et d'un bris mécanique. Bien sûr, nous ne sommes pas des voitures, mais la comparaison tient la route. Lorsque vous serez adulte, vous investirez sans doute plusieurs centaines de dollars par mois dans une voiture. Vous prendrez du temps pour la laver, vous la conduirez au garage. Il en va de même pour votre corps.

Vous avez dans votre entourage des amies qui ne prennent pas soin d'elles ? Invitez-les à patiner, à faire une promenade ou organisez un pique-nique au bord d'un lac et, déjà, vous aurez fait beaucoup.

Ne laissez personne critiquer un aspect de votre corps et ne critiquez pas les autres. Allez vers des personnes qui vous acceptent. Les comparaisons, les conseils mal intentionnés et les médisances ne vous ressemblent pas et c'est tant mieux. Une VRAIE belle jeune fille accepte ses différences et celles des autres.

CHAPITRE 4

LES ONGLES

Les ongles des mains et des pieds

Des ongles propres et bien limés font très bonne impression. Il faut ajuster ses ongles à la forme de ses mains, mais pensez aussi à votre type de personnalité. Quelles sont vos activités de la semaine ou des prochaines heures, et quel est votre budget ? Les ongles des pieds devraient être peints de la même couleur ou du moins dans la même gamme de couleurs que les ongles des mains. Vous préférez demeurer au naturel ? Tant mieux !

La pose de faux ongles, les ongles à la soie ou à la résine, fait aujourd'hui partie des tendances, même pour les plus jeunes. Si vous êtes prête à mettre entre 35 $ et 50 $ par mois, allez-y. Sinon, apprenez à faire vos ongles vous-même, cela ne vous demandera que quelques minutes et vous donnera une plus grande latitude en termes de couleurs, de style... et d'économies.

Les ongles des pieds méritent autant de soin que les ongles des mains, et même un peu plus ! Aimeriez-vous être enfermée dans une paire de souliers toute une journée ? Si vous portez des sandales sachez que l'on remarquera tout de suite des ongles sales ou mal coupés. En passant, même si elles sont bien jolies, nous préférerons les sandales de plage... à la plage.

- Maman, pourquoi certaines écoles interdisent le port du vernis à ongles ?

- Ce ne sont pas toutes les écoles qui l'interdisent, mais la plupart vous gardent à l'œil. Il vaut donc mieux choisir des vernis transparents ou de couleurs pâles. Réservez les teintes plus « osées », foncées ou très brillantes pour les grandes soirées et les sorties.

Êtes-vous de la race des rongeurs ?

Si, par malheur, vous vous rongez les ongles, dites-vous que les ongles sont des cellules mortes et que votre corps s'en débarrasse lorsqu'ils poussent. En fait, ils ont presque la même composition cellulaire que vos cheveux... Mangeriez-vous vos cheveux ? De plus, vous touchez à tout avec vos mains et vos ongles récoltent une grande partie des microbes.

> *- Je me rongeais les ongles lorsque j'étais nerveuse. Ça me dégoûtait et pourtant je continuais quand même. Une chance qu'on a eu la bonne idée de mettre ces billets de concert en récompense. Aujourd'hui, j'ai perdu cette habitude.*
>
> *- Kassandra, tu as pris le contrôle de ton cerveau et tu lui as dit que c'est TOI qui mènes ! Il n'a pas eu d'autre choix que de t'écouter.*

Pas facile d'arrêter ? Dites-vous bien et répétez-vous que se ronger les ongles est un vrai poison pour votre image et votre santé et choisissez, si nécessaire, une récompense que vous vous offrirez si vous parvenez à vous contrôler définitivement. Accordez-vous un délai raisonnable et trouvez une motivation intéressante.

Des billets pour un spectacle ? Un voyage avec vos parents ? Un nouveau jeans ?

Demandez aux gens autour de vous de vous corriger lorsqu'ils constatent que vous portez votre main à votre bouche. Se ronger les ongles, mettre son doigt dans son nez ou manger ses cheveux sont des habitudes tout à fait inappropriées en société. Si par malheur vous avez l'une de ces dépendances, alors, automatiquement, vous ne recevrez pas le respect auquel vous avez droit et vous serez automatiquement cataloguée comme une personne malpropre.

Notez également qu'une dépendance en amène une autre : prenez le contrôle pendant que vous êtes jeune !

Le vernis à ongles est extrêmement nocif. Il ne faut pas l'arracher avec votre bouche. Il contient des solvants, de la peinture et des colorants qui pourraient vous rendre très malade.

Et que dire de celles qui s'arrachent les ongles des pieds ? Serait-ce par manque de flexibilité, car si vous le pouviez, vous rongeriez aussi vos ongles de pieds ? Oh non ! je ne peux imaginer cela ! C'en est trop !

Les ongles des pieds doivent être coupés carrés afin d'éviter les ongles incarnés. Celles qui se les arrachent en regardant bêtement la télé y trouvent peut-être un peu de détente, mais risquent de devoir se faire opérer lorsque la peau poussera par-dessus l'ongle.

Rongeuses, arracheuses, mettez-vous plutôt au yoga pour vous détendre et laissez vos pauvres ongles tranquilles !

Onychophagie : habitude de se ronger les ongles.

– Dictionnaire Le Petit Robert
Note : Avec un nom pareil, pas étonnant que ça rende malade !

LES DENTS

Vos dents vous tiennent-elles en haleine ?

Les odeurs buccales peuvent rapidement ruiner la réputation de quelqu'un. Alors, aidez cette personne à prendre conscience de son problème.

Il est de mise de proposer (en privé) un bonbon à la personne qui a mauvaise haleine, plutôt que de le lui dire ouvertement. Si elle refuse votre offre, insistez doucement. « Tu devrais accepter. » Cela la fera réfléchir. Si elle vous demande : « Ai-je mauvaise haleine ? », répondez avec délicatesse que oui, mais que cela arrive à tout le monde et que vous aimeriez qu'on vous en avertisse, le cas échéant.

Auteur du livre *Vaincre la parodontite*, le Dr Mark Bonner a consacré sa vie à faire la preuve que des parasites vampirisent notre bouche. Le seul vrai moyen de vaincre la mauvaise haleine est le brossage régulier des dents, l'usage de la soie dentaire et les nettoyages professionnels deux fois par année.

Il arrive à l'occasion que les odeurs buccales soient causées par un problème lié à l'estomac ou à une mauvaise digestion. Parlez-en à vos parents ou à votre médecin si vous sentez que vos efforts pour une meilleure hygiène ne règlent pas le problème. La mauvaise haleine due au tabac, dont nous parlerons plus loin, est aussi extrêmement difficile à masquer.

« Ail, ail, ail, caramba », chantait Pedro le Mexicain. Si vous devez sortir et rencontrer des amis, ne mangez pas d'ail. L'ail est excellent pour la santé, mais très mauvais pour les relations amicales et amoureuses !

Les gommes et les bonbons pour l'haleine

Dans ce domaine, ce n'est pas le choix des bonbons et des gommes à mâcher qui manque, mais prenez garde à la « faune » qui les mastiquera :

- La vache qui mâche la bouche en rond.
- Le cheval qui mastique avec les dents du devant.
- L'écureuil qui s'acharne à croquer en quatrième vitesse.

Vous avez compris que dès que nous mettons ces douceurs dans notre bouche, nos mâchoires s'en donnent à cœur joie avec un résultat pas toujours élégant !

Bien que je vous aie suggéré d'offrir un bonbon (ou une gomme) à une amie dans un but très précis, il est certain que nous devrions en consommer le moins possible. Et s'il vous arrivait de le faire, il existe des règles claires.

> **À RETENIR :**
> La gomme à mâcher n'enlève pas la faim ! Lorsque vous mastiquez, votre estomac se met à sécréter des enzymes de digestion... ce qui finira par causer la faim plutôt que de vous l'enlever.

1)   Choisissez le bonbon plutôt que la gomme à mâcher.

2)   On ne croque pas un bonbon, on le laisse fondre.

3)   Mastiquez la bouche fermée (pensez à la vache...).

4)   Ne jetez jamais un bonbon sans l'avoir préalablement enveloppé dans son papier d'origine ou tout autre bout de papier.

5)   Ne jetez jamais une gomme par terre.

Le sourire, miroir de l'âme

Dans toutes les grandes villes du monde entier, il est rare de voir les femmes adresser un large sourire aux inconnus. Lorsqu'on sort en public, un très léger sourire est de mise. Pas la peine de montrer toutes ses dents !

Ne soyez pas gênée de vous regarder dans le miroir et de « répéter » votre sourire. Tout le monde le fait. N'attendez pas la prochaine photo scolaire pour décider si vous préférez montrer un sourire énigmatique ou un sourire coquin. Bien sûr, un sourire ne règle pas tous nos problèmes, mais il nous permet souvent d'y faire face d'une façon différente. Et puis, le sourire est contagieux et nous en avons tous besoin.

> - *Kassandra, retourne dans ta chambre, tu as oublié quelque chose !*
>
> - *Quoi ?*
>
> - *Ton sourire !*

On me dit souvent : « Je n'ai pas un sourire naturel. » Le problème est simple à régler. Il faut vraiment être heureux pour avoir un beau sourire ! Le sourire est l'expression d'un état d'âme et on ne peut pas toujours tricher avec ses sentiments. Soyez vous-même et pensez à quelque chose de joyeux, cela devrait faire l'affaire !

RÈGLE :
Il est préférable de ne pas exagérer et de choisir d'afficher un sourire discret lorsqu'on est en public.

Souriez au bon moment, par contre. Imaginez la jeune fille qui sourit à pleines dents dans le métro ou l'autobus. Les gens vont se demander si elle se moque d'eux ou si elle est complètement folle.

Clin d'œil

Quand je sors en public, je devrais simplement afficher un léger sourire. Pas la peine de montrer toutes mes dents !

* * *

Je ne dois pas avoir peur de me regarder dans le miroir et d'étudier mon sourire. Tout le monde le fait (en secret).

* * *

Bien sûr, un sourire ne réglera pas tous mes problèmes, mais il me permettra souvent d'y faire face d'une façon différente.

* * *

Le sourire est contagieux et nous en avons tous besoin.

* * *

Il faut vraiment avoir envie de rire pour avoir un beau sourire !

* * *

Mon sourire est l'expression de mes états d'âme.

* * *

Je ne peux pas toujours tricher avec mes sentiments.

* * *

Si je n'ai pas envie de sourire aux gens qui m'entourent, je devrais peut-être rester dans ma chambre. Cela évitera les conflits...

Il a une dent contre elle !

Avoir une dent contre quelqu'un : une expression souvent employée qui signifie qu'on en veut à quelqu'un, qu'on serait prêt à mordre... Nous utilisons souvent des expressions pour adoucir une situation.

Avoir une dent contre quelqu'un, c'est une façon plus « acceptable » d'exprimer un sentiment de haine ou de rancœur envers une autre personne. Mais pourquoi les dents sont-elles utilisées dans ce cas ?

Dans son dictionnaire holistique *Pratikadent* sur la santé dentaire, Estelle Vereeck, docteure en chirurgie dentaire et praticienne en santé naturelle, affirme que les dents sont représentatives de nos émotions. Je vous rapporte ici ses dires.

1. La canine, pointue, à la racine très longue, exprime la puissance intérieure. Dent du carnivore, elle représente le prédateur à l'intérieur de soi qui happe et garde sa proie.

2. Les incisives sont plus fines et les plus petites, celles du bas représentent la vulnérabilité de notre part la plus fragile : l'enfant en soi, la peine ou la gêne.

3. Quant aux incisives du haut, exposées en pleine lumière au centre du sourire, elles représentent l'identité, l'image de soi, notre facette féminine à droite, masculine à gauche.

Lorsque vous vous sentez « grrr ! », respirez, parlez... Surtout ne mordez-pas !

Les dents et les émotions...

Joe Vitale, dans *Le manuel inédit de la vie*, affirme que bien qu'il soit important de sentir et de respecter nos propres émotions, nous pouvons aussi les influencer en prenant le temps de les évaluer (moi, je dis « digérer nos émotions »).

> *– Tu sais maman, quand je suis fâchée, je serre les dents, mais pendant ce temps, je réfléchis à ce que je dois faire pour ne pas avoir à regretter mes paroles. J'ai perdu certaines amies à cause de mes paroles agressives.*

Puisque chaque décision que vous prendrez apportera un changement dans votre vie, il est capital de réfléchir avant d'agir. Ne vous laissez pas manipuler par votre colère ou votre peine. On ne quitte pas sur un coup d'émotion un petit copain qui a commis une erreur ou une copine qui ne fait pas momentanément « notre affaire ». Cela ne veut pas dire que vous ne le ferez pas, mais si vous patientez, vous pourrez voir plus clair dans vos sentiments et mieux les exprimer.

RÈGLE :
Régler ses comptes soi-même démontre une plus grande maturité et vous permet de contrôler ce qui se dit sur vous.

Autre chose : quel que soit le mal qu'une personne puisse vous faire, informez-la personnellement de vos intentions. Ne demandez jamais, au grand jamais, à une copine ou un copain de transmettre le message à votre place !

Clin d'œil

Pour régler un conflit :

1) Présentez-vous en personne.
2) Ayez en tête ou sur un papier tous vos arguments.
3) Soyez prête à une riposte de l'autre personne.
4) N'agissez pas sous le coup de la colère.
5) Ne laissez pas de message dans une boîte vocale.
6) N'envoyez pas de courriel.

Toute action que nous posons a une répercussion sur notre vie. Lorsqu'une personne que nous avons appréciée n'est plus dans notre entourage, il reste en nous comme un vide, cette parcelle d'elle qui manque au fond de nous. Il vaut alors mieux prendre nos distances avec cette personne et garder son respect plutôt que de vous placer sur sa liste noire.

CHAPITRE 6

CHEVEUX : SOINS, VOLUME ET TENDANCES

Votre chevelure reflète votre personnalité

Pourquoi parler de coiffure dans un livre sur la bien-séance ? Parce qu'à toutes les époques les gens ont cherché à se démarquer par leur chevelure. Les modes capillaires se sont succédé au fil des siècles et pas toujours pour le mieux.

> **RÈGLE :**
> Votre coiffure fera de vous une belle personne seulement si elle convient à votre style de vie et à votre personnalité.

La bienséance dans le choix d'une coiffure ne veut pas dire « platitude », mais plutôt « affirmation de soi ». Choisissez un style, mais assurez-vous qu'il vous va !

À l'adolescence, vous êtes à la recherche de votre propre style. Mais attention, plus vous changez de couleur, de coupe ou de style et plus vous démontrez aux gens qui vous regardent que vous n'êtes pas satisfaite de votre image. Tout n'est pas « à la mode » en matière de cheveux. Les vôtres sont-ils bruns, blonds, minces ou avez-vous une tignasse rebelle ?

Un sujet « tiré par les cheveux » avec vos parents qui ne sont pas d'accord avec vos choix ? Trouvez le moyen de satisfaire autant ceux qui vous regardent que vous-même : posez-vous les bonnes questions.

1) Évaluez les tendances et votre désir de suivre la mode.

2) Accordez votre chevelure à votre physionomie faciale.

3) Considérez le côté pratique en fonction de vos activités.

4) Évaluez le temps que vous aurez à mettre pour entretenir cette coiffure.

5) Quel montant devrez-vous investir pour le changement et par la suite ?

6) Cheveux gras, secs, frisés, longs ou courts ?

Teintures, mèches, rallonges et permanentes

12, 13 ou 14 ans, c'est bien jeune pour une teinture ou même pour des mèches. Il faut savoir qu'il faut entretenir régulièrement sa teinture et que l'application de produits chimiques change la texture des cheveux. Pour teindre un cheveu, il faut d'abord le décolorer avec des produits forts et ensuite le colorer avec la teinte choisie. Il y a dans cette démarche plusieurs impondérables.

Par exemple, si vous faites trois jours de piscine par semaine, vos cheveux seront vite abîmés à cause des produits chimiques tel le chlore, et leur couleur en sera très certainement altérée.

Votre coiffeur ou coiffeuse doit d'abord penser à vous avant de penser à son profit. Vous avez le droit de vous faire accompagner par votre mère ou un autre adulte avant de prendre la décision de changer la couleur de vos cheveux. Les mêmes précautions valent pour l'utilisation de permanentes ou de rallonges. Apportez des photos provenant de magazines, de ce que vous aimeriez comme coiffure.

> **RÈGLE :**
> Postiches ? Rallonges ? Oui, à condition qu'ils soient d'excellente qualité. Ajoutons que les fameux « dreadlocks » (prononcer DRÈD-LOX) laissent presque inévitablement une image de manque de propreté.

Vous étiez là pour une simple coupe et mise en plis, et le résultat n'est pas ce à quoi vous vous attendiez ? Soyez polie, dites-le AVANT de partir sans ameuter la clientèle du salon. Ne tentez pas de faire une mauvaise réputation à votre coiffeur. La situation pourrait être réparée aussitôt, sinon lors de votre prochain rendez-vous. De retour à la maison, relavez vous-même vos cheveux : vous reprendrez certainement le contrôle !

Le coiffeur, ce confident

Sachez qu'un salon de coiffure est l'endroit où les secrets glissent aisément d'une chaise à l'autre et peuvent se rendre à quelqu'un qui ne devrait pas les connaître. Votre coiffeur ou coiffeuse deviendra peut-être, au fil du temps, votre ami ou votre confident, mais prenez le temps de bien le connaître avant de lui faire des confidences. S'il vous parle des secrets des autres, c'est qu'il fera de même pour les vôtres. Soyez avisée.

> **RÈGLE :** Quand vous êtes insatisfaite, ne le dites qu'à votre coiffeur. Quand vous êtes satisfaite, dites-le à tous ! Un retard ou un oubli mérite que vous contactiez votre coiffeur pour vous excuser. Ne soyez pas gênée, tout le monde fait des erreurs.

Les pourboires à donner :

- Jamais moins de 10 % de la facture pour une mise en plis simple et un rafraîchissement de votre coupe.
- Environ 15 % pour une coupe plus importante, une teinture, des mèches ou des rallonges.
- Si une personne autre que votre coiffeur vous lave les cheveux, remettez 1% au préposé au lavage pris à même sur le pourboire de votre coiffeur.
- Si votre coiffeur est le propriétaire du salon, vous déciderez si vous devez lui donner un pourboire, mais vous n'y êtes pas obligée. Référez-lui des clientes parmi vos amies, il en sera encore plus heureux !
- Prenez toujours rendez-vous et, surtout, arrivez en avance d'au moins 15 minutes. Lors de la prise de rendez-vous, précisez qui est la personne qui vous coiffe.

Clin d'œil

Votre coiffeur n'a pas le contrôle total de son horaire. Vous, oui, mais on préférera la ponctualité des deux côtés !

* * *

Votre coiffeur doit vous avertir de son retard.

* * *

Vous devez avertir votre coiffeur de votre retard.

* * *

Réfléchissez avant de faire un commentaire, c'est le coiffeur qui tient les ciseaux !

* * *

S'il est pris avec une autre cliente, signifiez-lui discrètement votre présence.

* * *

Votre coiffeur vous suggérera des produits de soins « maison » : pensez à votre budget avant d'acheter.

* * *

Avant de prendre une décision, demandez conseil à votre entourage.

CHAPITRE 7

ALIMENTATION : SAVOIR-VIVRE ET « SAVOIR-MANGER »

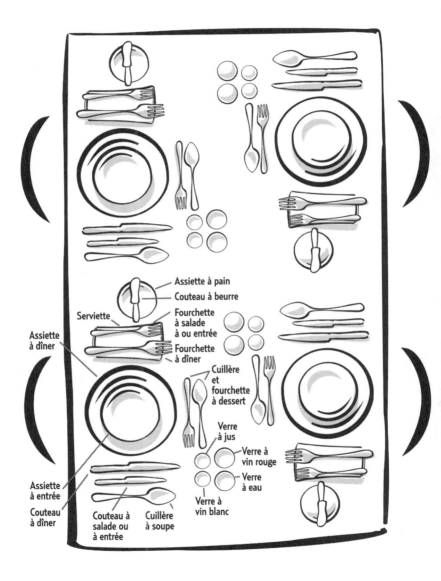

Assiette à pain
Couteau à beurre
Serviette
Fourchette à salade à ou entrée
Assiette à dîner
Fourchette à dîner
Cuillère et fourchette à dessert
Verre à jus
Verre à vin rouge
Verre à eau
Assiette à entrée
Couteau à dîner
Couteau à salade ou à entrée
Cuillère à soupe
Verre à vin blanc

L'étiquette à table

S'il est un endroit que l'on associe au savoir-vivre, c'est bien autour de la table. Nous allons regarder ensemble les grandes lignes que vous devriez connaître à votre âge. Adoptez de bonnes habitudes dès maintenant et jamais vous ne vous sentirez dépassée par les événements. Voici les règles que vous devriez adopter, et ce, même à la maison.

> **RÈGLE :**
> On ne boit jamais son jus ou une autre boisson dans le verre prévu pour le vin ou dans la coupe à champagne.

Lorsque votre assiette est servie :

- Ne posez plus vos coudes sur la table, appuyez-vous sur vos avant-bras.
- Mangez par petites bouchées, la bouche fermée, sans parler.
- Ne trempez pas votre pain dans la sauce (ou la soupe), ne buvez pas au bol.
- Mangez tous les plats du repas sans bruit de bouche, même la soupe.
- Évitez de toucher la nourriture avec vos doigts.
- Ne coupez pas la salade, pliez-la à l'aide de vos ustensiles.
- Ne coupez jamais plus de trois bouchées à l'avance dans votre assiette.
- Coupez vos bouchées avec la fourchette dans la main gauche, le couteau dans la main droite.
- Mangez avec la fourchette dans la main droite.

Vous avez terminé ?

- Déposez vos ustensiles côte à côte, dans votre assiette.
- Votre serviette de papier doit être froissée et déposée dans l'assiette.

- La serviette en tissu doit être déposée du côté gauche, à côté de l'assiette.
- Prenez le temps d'espacer vos bouchées, parlez d'un ton calme et respirez.
- Finissez votre bouchée avant de parler ou de répondre à une question.
- N'utilisez jamais votre cellulaire à table.
- Si vous devez répondre à un appel, excusez-vous et sortez rapidement.
- Entre les services, vous avez le droit de vous appuyer sur vos coudes.
- On ne se mouche pas à table et on se lave les mains avant d'y retourner.

Je ne trouve plus mon assiette !

Rions un peu ! Bibi et Lola à la fête de Mamie dans une salle de réception :

(LOLA) — Salut, Bibi. Oh là là, que je n'aime pas ces réunions familiales !

(BIBI) — Mais voyons, Lola, calme-toi et assieds-toi à côté de moi.

(LOLA) — Merci, Bibi, une chance que tu es là, ça va me calmer.

(BIBI) — J'ai tellement faim, et Mamie qui n'est pas encore arrivée !

(LOLA) — Moi j'ai chaud et j'ai soif.

(BIBI) — J'ai hâte de me mettre quelque chose dans le ventre.

(LOLA) — Moi aussi.

(BIBI) — Mais il faudra qu'on mette nos bonnes manières en pratique !

(LOLA) — C'est laquelle, mon assiette à pain ?

(BIBI) — Je suis là, tu n'as qu'à faire comme moi.

(LOLA) — Tu crois que je peux prendre un petit pain tout de suite ?

(BIBI) — Non, il va falloir attendre, ma belle. Chut ! il y a des gens qui arrivent...

Lola se parle à elle-même (elle chuchote) :

- *Bon, pis avec ça, Bibi ne m'a pas dit lequel était mon petit pain, celui de gauche ou celui de droite.*
- *Puis-je avoir quelque chose à boire avant de mourir de soif ?*
- *Qui sont tous ces gens qui arrivent que je ne connais pas ?*
- *Oh non ! ils connaissent Bibi, ils vont venir nous parler...*
- *Faut-il que je me tourne vers eux, que je me lève ? Je fais quoi ?*
- *Bibi va me trouver idiote si je lui demande comment agir.*
- *Bon, je fais semblant de fouiller dans mon sac à main, par terre.*
- *Ça y est, Bibi les salue.*
- *OK, je ramasse mon courage et je me lève !*

Juste comme Lola décide de lever la tête, le serveur arrive avec l'eau et patatra le désastre ! Ne faites pas comme Lola, calmez-vous !

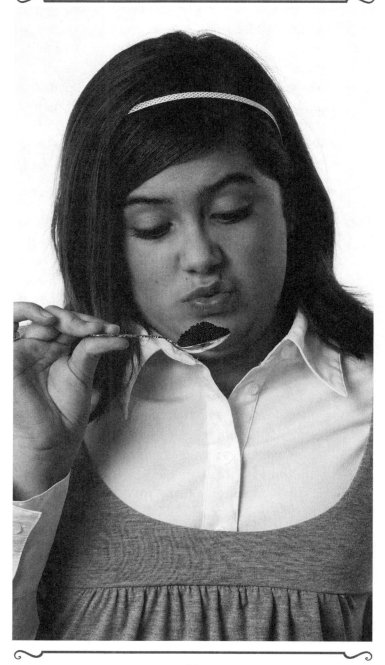

Si vous n'aimez pas ce qu'on vous sert dans votre assiette...

Tout au long de votre vie, vous serez mise en contact avec certains aliments dont vous n'aimez pas le goût ou la texture. Sachez qu'en vieillissant, vous développerez probablement vos goûts pour ces aliments qu'aujourd'hui vous n'oseriez même pas mettre dans votre bouche. Chose certaine, rien ne vaut la fierté d'essayer un nouvel aliment avant de juger. Vous préférez attendre pour vous risquer ? Il est important de vous exprimer doucement en ce sens. Soyez ferme, mais sans éclat. Usez de tact pour ne pas vexer le chef ou votre hôte.

Les gens qui vous invitent ou préparent vos repas font des efforts pour vous plaire. Voici donc comment vous en sortir de façon acceptable. Certaines personnes sont sensibles et peuvent être peinées par votre réaction. Un petit mensonge pourrait vous aider, à l'occasion.

Premièrement, sachez que personne ne meurt d'avoir mangé un aliment plus ou moins à contrecœur. Comme on le dit souvent en riant, fermez les yeux et avalez rapidement sans goûter. Ensuite, une grande gorgée de jus ou d'eau et le tout sera vite oublié. Ne paniquez pas, cela attirerait l'attention sur vous, ce que vous désirez éviter. Dans la vie, il faut risquer !

> *- Beurk ! C'est dégoûtant, les escargots ! Tu manges du caviar ? Sais-tu que ce sont des œufs de poisson ? Comment fais-tu pour manger ça ?*
>
> *- Bien sûr, Kassandra, les goûts sont une affaire personnelle. Mais il est très impoli de parler ainsi devant quelqu'un qui apprécie ces mets.*

On vous invite au restaurant

La personne qui invite choisit normalement le restaurant. Mais ce n'est pas parce qu'une personne vous invite au restaurant qu'elle paiera automatiquement votre addition. Pour éviter toute situation gênante, dites que vous aimeriez savoir si c'est un endroit qui convient à vos moyens financiers... On vous répondra probablement : « C'est moi qui invite. »

Si les parents d'une copine vous invitent à les accompagner, demandez de l'argent à vos parents ou prenez-en de vos économies afin de leur offrir votre participation. On paiera pour vous ? N'en profitez pas pour prendre le plat le plus cher ou vous nourrir pour la semaine à venir !

> **RÈGLE :**
> Devant une personne qui parle la bouche pleine, dites ceci :
> « Prenez votre temps pour avaler, je vais attendre avec grand plaisir. »

Évitez aussi de vous lever toutes les cinq minutes pour aller aux toilettes et excusez-vous en vous levant. Si un homme reste debout ou se lève à votre arrivée, c'est qu'il attend que vous soyez assise pour prendre place autour de la table. Peu d'hommes le font encore, mais c'est tout de même une galanterie remarquable de leur part, que d'attendre que la femme soit assise avant de s'asseoir à leur tour.

Il ne faut pas utiliser un cellulaire à table. Répondez cependant toujours aux appels de vos parents. Ils veulent peut-être savoir s'ils doivent rester disponibles pour vous ou vous avertir qu'ils doivent s'absenter pour une raison ou une autre. Excusez-vous et éloignez-vous un peu pour prendre l'appel. Il en va de même pour les textos.

Le restaurant est très souvent un endroit de rendez-vous où vous aimeriez parler de plein de choses et où les idées se bousculent. Respirez par le nez (et non par la bouche) et surtout ne parlez pas la bouche pleine. Il n'y a rien d'assez important à dire qui puisse mériter que nous voyions vos aliments à demi mâchouillés à l'intérieur de votre bouche.

Mangez calmement même si vous aimez beaucoup ce qu'il y a dans votre assiette.

Un repas au restaurant n'est pas le moment souhaité pour parler de choses qui risquent de mal tourner, comme quitter votre petit ami, négocier un salaire ou toute autre situation qui pourrait dégénérer.

Finalement, au restaurant, il est impoli de vous imposer à vos voisins de table. Même s'ils ont l'air sympathiques, il faut leur laisser le droit à leur espace et à leur moment en privé. Soyez vigilante : s'ils vous invitent à leur parler ou s'ils s'imposent à vous, il n'y a qu'un moyen de vous en sortir : la gentillesse, la franchise et un beau grand sourire !

Petit quiz... Amusons-nous !

Cochez la réponse qui vous convient.

1- Dans votre assiette, il y a un aliment que vous n'avez jamais mangé.

○ A- Je veux bien essayer, mais je ne suis pas certaine d'aimer ça, puisque c'est la première fois que j'en mange.

○ B- Je suis absolument certaine de ne pas aimer ça !

○ C- Je n'ai pas envie d'essayer ce nouvel aliment, puis-je m'abstenir ?

2- Vous en avez déjà mangé, mais ça ne goûte pas comme d'habitude et, malheureusement, ça vous déplaît.

○ A- Vous devriez demander à ma mère comment elle les prépare !

○ B- Est-ce la première fois que vous essayez cette recette ?

○ C- Je ne voudrais pas gaspiller, mais est-ce que je peux ne pas en manger ?

3- Vous avez en horreur l'aliment qu'on vous sert.

○ A - Ma mère aussi essaie de me faire manger ça. Elle n'a jamais réussi.

○ B - Normalement, je n'en mange pas. Me permettez-vous de seulement essayer ?

○ C- Beurk ! Non merci, je passe mon tour !

Le meilleur conseil que l'on puisse vous donner aujourd'hui, c'est d'essayer de manger ce qu'on vous sert en faisant preuve de réelle bonne volonté. Les goûts se développent en mangeant. N'oubliez pas de vous excuser auprès des gens autour de vous si vos réactions physiques ou vocales devenaient pénibles à voir ou à entendre.

CHAPITRE 8

ÉVÉNEMENTS PUBLICS ET FAMILIAUX

Vos parents reçoivent des amis

Vos parents sont nerveux, ils préparent la table, cuisinent depuis des heures. Ce n'est pas le temps de tourner autour du réfrigérateur. Même si vous vous servez normalement seule, demandez à votre mère avant de prendre quelque chose à manger.

Certes, vos parents apprécieraient un peu d'aide de votre part, mais si vous n'en avez pas la possibilité, au moins soyez la plus transparente possible. Votre chambre est encore le meilleur endroit. Demandez à vos parents s'ils aimeraient rester seuls avec leurs amis et si vous pouvez manger dans votre chambre.

> **RÈGLE :**
> À moins d'une raison grave, on ne profite jamais de la présence d'invités à la maison pour « négocier » devant témoin(s) une situation problématique vécue avec ses parents. Cela risquerait de mettre vos parents dans l'embarras devant leurs amis et pourrait envenimer le problème.

Si vous êtes invitée à table, soyez polie et évitez les écarts d'humeur. Levez-vous pour servir ou desservir la table et ne vous esquivez pas pour la vaisselle.

Les adultes essaieront d'engager la conversation avec vous. Soyez aimable et, si vous ne comprenez pas, dites-le poliment. Il n'est pas donné à tout le monde de converser avec des adolescents. Parfois, on vous parlera comme à une enfant, ou encore on essaiera d'avoir l'air « cool » pour se rapprocher de vous. Laissez-vous aller sans jugement et soyez ouverte.

Si vous désirez quitter la table avant la fin du repas, demandez la permission à un de vos parents et saluez les invités avant de sortir de la pièce.

Devenir une bonne hôtesse

Vous avez invité des amis à la maison pour votre anniversaire ou simplement pour faire une petite « boom » maison ? La première fois qu'une personne vient chez vous, elle s'attend à un accueil convenable de votre part.

Sur votre carton d'invitation, notez :
- Date ;
- Heure ;
- Adresse ;
- Numéro de téléphone ;
- R.S.V.P. avant le __ / __ / __ ;
- Thème de la soirée et code vestimentaire (s'il y a lieu).

Carton réponse ? (Fournir l'enveloppe de retour, affranchie)
- Nom du ou des invités ;
- Numéro de téléphone ;
- Note sur les éventuelles allergies alimentaires ou aux animaux.

La veille de l'événement :
- Vous avez prévu la nourriture et les boissons.
- Le décor et la musique sont installés.
- Si l'événement est à l'extérieur, prévoyez une solution de rechange en cas de mauvais temps.
- Rappelez vos invités pour confirmer.
- Soulignez de nouveau le code vestimentaire et le thème.

N'oubliez pas d'accueillir... et de remercier personnellement tous vos invités au moment du départ.

Les dix articles du code de l'hôtesse bien organisée

ARTICLE 1 :

Limitez le nombre d'invités

Cela ne sert à rien d'inviter trop de monde si vous ne pouvez pas vous en occuper convenablement.

ARTICLE 2 :

Les invités doivent avoir des goûts en commun

Choisissez des gens qui ont des affinités. Le mélange des genres peut créer des frictions.

> **RÈGLE :**
> R.S.V.P. veut dire « Répondez s'il vous plaît », ce qui veut dire que vous devez répondre à l'invitation (que ce soit par l'affirmative ou la négative). Vous ne pouvez vous y rendre ? Répondez tout de même, cela sera vu comme une marque de respect de la part des gens qui vous invitent.

ARTICLE 3 :

Avertissez les voisins et votre famille

Prenez quelques minutes afin de préparer un petit mot pour avertir vos voisins si vous prévoyez faire du bruit à l'extérieur.

ARTICLE 4 :

Prévoyez des mets de qualité, relevés d'un brin d'originalité

Cherchez à vous démarquer par des thèmes et des mets qui sortent de l'ordinaire, tout en vous assurant qu'ils conviendront à vos invités.

ARTICLE 5 :

Prévoyez un endroit pour les manteaux et les cadeaux

Prévoyez un espace pour le vestiaire et des endroits où les gens déposeront les cadeaux, les sacs à main et, l'hiver, les bottes et les manteaux.

ARTICLE 6 :

N'imposez pas de jeux à ceux qui ne veulent pas jouer

Les jeux ne plairont qu'à ceux qui ont envie d'y participer.

ARTICLE 7 :
Vos invités sont partis : remettez tout en place

N'attendez pas pour ranger. Le lendemain, il ne devrait rester qu'à passer l'aspirateur et à vider le lave-vaisselle.

> **RÈGLE :**
> On dit : « Merci beaucoup, c'est une délicate attention. » Ne dites pas : « Ce n'était pas nécessaire. »

ARTICLE 8 :
On vous apporte un cadeau « d'hôtesse »

Remerciez chaleureusement votre invité. Vous pouvez jeter un petit coup d'œil au cadeau, mais n'en faites pas l'exhibition devant les autres invités. Si vous n'avez pas le temps de regarder le cadeau, dites à votre invité que vous le ferez aussitôt que vous en aurez l'occasion. Rappelez la personne le lendemain pour la remercier.

ARTICLE 9 :
Remercier vos parents

N'oubliez pas de remercier vos parents pour l'aide et le soutien lors de l'organisation de votre soirée.

ARTICLE 10 :
Ne pas perdre le contrôle

Bien sûr, n'organisez pas de soirée si vos parents ne sont pas au courant. Nous avons tous entendu les histoires d'horreur de maisons qui se font envahir par une horde d'adolescents en liesse. Ne parlez pas de votre soirée dans une chambre de clavardage (*chatroom*) ou sur Facebook. Vous risqueriez de perdre le contrôle de votre belle soirée. Restez discrète et n'en parlez qu'à vos invités (ils se sentiront encore plus privilégiés).

> *- Maman, va ouvrir la porte, s'il te plaît !*
>
> *- Non, ma belle, c'est toi qui invites, c'est toi qui vas ouvrir !*

Les inévitables funérailles

Les funérailles sont des réunions de famille peu ordinaires. Il arrive que des gens ne se soient pas vus depuis des années, et les émotions sont au rendez-vous.

> **RÈGLE :**
> « Mes sincères condoléances » est la phrase appropriée. Mais un petit mot de plus comme « votre deuil me chagrine » ou « j'espère que le temps vous aidera à surmonter cette épreuve » peut démontrer un peu plus de compassion pour la personne endeuillée.

Votre habillement est une bonne façon de montrer du respect aux personnes présentes. Un pantalon sombre, une robe ou une jupe noire sont toujours de mise. Évitez les vêtements aux couleurs voyantes.

Lorsque vous entrez dans le salon funéraire ou dans l'église, selon le cas, allez serrer la main des membres de la famille du défunt. Les personnes qui se tiennent près du cercueil ou de l'urne sont toujours les parents les plus proches, donc les plus touchés par le décès. Présentez-vous clairement, au cas où on ne vous reconnaîtrait pas.

Ne restez pas dans la pièce près du cercueil afin de permettre à d'autres invités d'y accéder. Dirigez-vous vers des gens que vous connaissez dans les salles adjacentes.

Avant de partir, inscrivez un mot de condoléances dans le livre prévu à cet effet et allez saluer de nouveau au moins une des personnes endeuillées.

Votre bal de graduation

J'aimerais vous parler de ce moment qui s'annonce merveilleux, mais qui peut tourner au désastre. N'oubliez pas que vous êtes toujours à la merci de vos émotions, positives ou négatives.

Sachez que votre bal de graduation restera un jour mémorable, que tout aille bien ou que tout aille de travers. Mais il faut garder le contrôle. Soyons clairs, on est aujourd'hui bien loin du bal des princesses de Walt Disney. Malheureusement, les bals de graduation sont

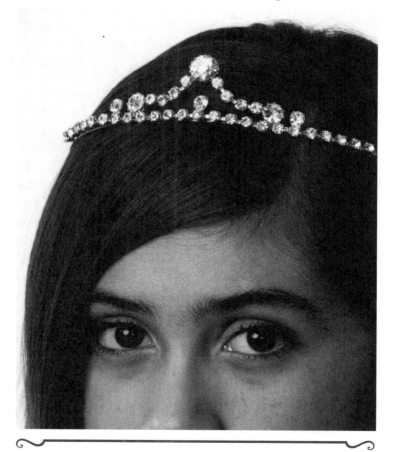

◄◯ஓ◯►

RÈGLE :
Vos actes doivent être sans reproche (maintenant et en prévision de l'avenir).
Rappelez-vous que, plus tard, vous pourriez croiser vos amis du secondaire. Ils se souviendront de vos actes et pourraient même vous faire un tort irréparable (surtout avec Internet).

un excellent prétexte pour boire de l'alcool à s'en rendre malade, se risquer vers l'expérience sexuelle de bien mauvaise façon et se donner en spectacle à en avoir honte pour des années.

Soyez digne de ce moment et de tous les efforts perpétrés pour vous faire passer une belle soirée. Avec vos bonnes amies, mettez en place un « plan de réussite » de votre soirée et gardez ce plan secret.

1) Déterminez ensemble le nombre de consommations que vous boirez.

2) Mettez-vous d'accord pour refuser toute offre de drogue.

3) Toilettes en duo (soyez toujours accompagnée).

4) Si une fille change subitement d'attitude, avertissez les organisateurs de la soirée.

5) Ce n'est pas la soirée pour vivre votre première relation sexuelle.

6) Amusez-vous dans le respect et souvenez-vous de ce moment unique.

7) Repartez avec la même personne qui vous accompagnait à votre arrivée.

8) Gardez votre cellulaire près de vous, il vous servira si jamais un problème survenait.

9) N'hésitez pas à contacter vos parents, et ce, peu importe l'heure et le problème !

Les événements solennels de votre vie

Quel que soit l'événement, il faut toujours vous identifier dès votre arrivée et respecter les convenances en vigueur là où vous êtes reçue.

1) Dès votre arrivée, saluez la personne à l'accueil et identifiez-vous. Déposez votre manteau à l'endroit approprié et non sur le dossier d'une chaise. Si aucun endroit n'est prévu, gardez-le avec vous (vous trouverez plus tard).

2) Portez des vêtements appropriés pour l'événement : faites-vous remarquer pour votre bon goût vestimentaire et non pour votre excentricité.

3) Évitez les casquettes, les sandales et les chaussures de sport. Vos souliers doivent être d'une propreté impeccable.

4) Adoptez une attitude positive et polie.

5) Parlez en regardant les gens dans les yeux.

6) Présentez-vous : « Bonjour, je suis Kassandra. »

RÈGLE :
Lorsqu'on présente une personne, il est primordial de toujours la présenter comme quelqu'un d'important et d'irremplaçable.

7) Lorsqu'une personne se présente, répétez le nom de cette personne, vous vous en souviendrez plus facilement : « Bonjour, Marie-Noëlle. »

8) On ne dit jamais :« ÇA, c'est ma mère », mais plutôt « J'aimerais vous présenter ma mère » ou « Voici ma mère ».

CHAPITRE 9

LES RÈGLES DERRIÈRE LES MENSTRUATIONS

On ne le crie pas haut et fort !

Les menstruations sont un moment particulier à passer chaque mois, et il est préférable d'éviter de faire connaître votre état à tout un chacun. Certaines personnes sont plus gênées face au phénomène ou même ne supportent pas qu'on en parle ouvertement. Ne mettez au courant que les gens qui doivent vraiment le savoir. Soyez discrète.

> *- Oh ! maman ! Marie le fait toujours savoir à tous. Elle se plaint continuellement d'avoir mal au ventre et passe de longues minutes aux toilettes. Ça me fait toujours de la peine de la voir ainsi !*

Voici l'exemple d'un manque de maturité face au phénomène des menstruations et des douleurs qui y sont liées. Oui, il est vrai que vous pouvez souffrir de crampes ou être indisposée. Mais il est préférable de vivre tout cela de l'intérieur ou de vous retirer du groupe durant ce malaise. Dites-vous que l'être humain a normalement toutes les capacités de s'adapter à cette douleur et que c'est le lot de toutes les femmes. Cela devrait être une raison valable pour développer votre résistance. Dans certains cas, un médicament approprié peut être nécessaire. Parlez-en à votre médecin ou à l'infirmière de votre école.

Si vous devez vraiment faire savoir à quelqu'un que vous êtes menstruée, voici les termes à adopter sans gêne :
- J'ai mes règles ou mes menstruations ;
- C'est la période du mois où je dois me restreindre dans mes activités physiques.

Les incidents, comment s'en sortir la tête haute

Si on récapitule, la bienséance veut que les menstruations ne deviennent pas un événement public. Il s'agit d'un phénomène personnel, n'en profitez pas pour attirer l'attention sur vous. Restez calme et dites-vous que presque toutes les femmes connaissent ces périodes et que c'est grâce au cycle menstruel que vous pourrez un jour avoir des enfants.

Durant cette période, évitez les pantalons blancs et les jeans serrés. Bien que les tampons et serviettes sanitaires soient de plus en plus absorbants, il peut arriver qu'un débordement survienne.

Allez aux toilettes aussi souvent que possible pour vous assurer que tout est en place. Vous pouvez toujours demander à votre professeur de sortir « au cas où », mais sachez que tous porteront attention à vous lorsque vous sortirez du local... Donc, si vous pouvez attendre la fin du cours, attendez. Vous devriez toujours avoir une deuxième petite culotte et un pantalon supplémentaire dans votre casier scolaire.

Dans le cas où vous constatez qu'une jeune fille a taché son pantalon, ne soyez pas gênée de le lui dire seule à seule et sur-le-champ ! Même votre pire ennemie ne mérite pas que vous vous taisiez ! Ce serait peut-être même l'occasion rêvée d'enterrer la hache de guerre.

Lorsque vous changez de serviette sanitaire, et ce, même à la maison, enveloppez-la dans du papier hygiénique ou un papier mouchoir. Jetez le tout à la poubelle ou dans un endroit prévu à cet effet, jamais dans la cuvette des toilettes. À la maison, veillez à vider souvent la poubelle de la salle de bains afin d'éviter les odeurs.

Les gars et les menstruations

La plupart des garçons sont bien inquiets quand il s'agit des menstruations. Ils ne sont pas toujours au courant du réel fonctionnement de la « chose ».

Ils se font dire tellement de faussetés qu'il vous revient de les « ménager » ou de mieux les informer lorsque vous êtes dans « vos périodes ».

Premièrement, il faut savoir qu'il n'y a rien d'agréable pour un jeune homme à imaginer ce qui se passe en détail, donc évitez les descriptions « sanguinaires ».

Deuxièmement, soyez agréable avec votre petit ami, même s'il ne comprend pas toujours les restrictions qui viennent avec vos périodes. Il aimerait bien aller à la piscine, mais vous ne le pouvez pas toujours, par exemple.

Troisièmement, qui n'a pas entendu parler de l'ogre qui sommeille au fond des femmes pendant ou juste avant cette période (le fameux syndrome prémenstruel) ? Les gars n'ont pas ce genre de crise et comprennent mal la lionne qui sort tout à coup ou la rivière de larmes qui déborde pour un rien.

Quatrièmement, si vous ne vous sentez pas en forme, laissez votre petit ami aller voir ses copains et restez tranquillement à la maison. La grandeur d'une femme se mesure aussi à sa façon de gérer ce moment particulier du mois. Peut-être est-ce le meilleur moment pour passer une soirée avec maman à se faire un masque facial aux concombres ?

Finalement, il n'est pas de mise de demander à votre petit ami d'aller acheter vos « garnitures » de sous-vêtements. Soyez réservée quant à l'endroit où vous les entreposez chez vous, dans votre sac à main... ou chez lui.

CHAPITRE 10

VOTRE PERSONNALITÉ
À TRAVERS VOS VÊTEMENTS

Vêtements, choix et affirmation de soi

Vous êtes du genre artiste ? sportive ? gothique ? hip-hop ? Pour le moment, vous n'êtes rien de cela et un peu de tout à la fois ! Vous êtes une personne qui recherche son identité. Cette identité va évoluer durant tout votre secondaire et peut-être même après, parce que vous allez évaluer le genre de personne que vous désirez devenir et les sortes de personnes que vous désirez autour de vous.

L'être humain essaie toujours de se trouver une « tribu » ou un groupe d'apparte-nance. Il arrive que ce soit en imitant les autres que vous cherchiez l'amour et le respect. Les vêtements sont souvent une des façons de faire partie d'un groupe. Mais si vous choisissez le mauvais groupe, vous risquez de perdre beaucoup et de retarder le moment de réaliser vos rêves. Habillez-vous en fonction de votre personnalité et non du groupe auquel vous aimeriez appartenir.

> **RÈGLE :**
> Si votre style vous met en conflit avec plusieurs personnes, il est temps de vous remettre en question.

Si, pour vous faire accepter au sein d'un groupe, on vous impose de porter un vêtement ou une « étiquette négative », c'est que vous êtes en face de personnes qui veulent avoir le pouvoir sur vous. Changez de tribu ! Vous valez plus qu'un foulard ou une casquette... Ne soyez pas si facilement influençable !

S'acheter un nouveau vêtement peut procurer un grand plaisir, mais si votre achat vous met en conflit avec ceux qui vous entourent... vous n'en retire-rez aucune satisfaction.

L'uniforme de l'école et l'uniforme de la vie

L'uniforme scolaire est la meilleure façon de mettre tous les élèves à égalité sur la ligne de départ. Que vous soyez riche, pauvre, mince ou bien enveloppée, l'uniforme scolaire vous offre une façon d'être acceptée et d'accepter tout le monde sans préjugé social.

> **RÈGLE :**
> L'uniforme, quel qu'il soit, ne doit jamais porter atteinte à votre liberté d'agir. Si porter une couleur ou un vêtement fait de vous l'esclave de quelqu'un ou d'un groupe, parlez-en à un adulte de confiance.

Faire partie d'une équipe de soccer ou de basketball et en porter les couleurs est certainement une source de motivation et de fierté. Cependant, certaines religions proposent des règles vestimentaires strictes qui peuvent susciter des réactions ou, en tout cas, un questionnement.

Contrairement à nos ancêtres, nous ne portons plus de croix autour du cou et vivons dans une société qu'on appelle laïque. Voilà pourquoi nous avons de la difficulté à comprendre ces jeunes filles qui cachent leurs cheveux sous un voile. Cela fait partie d'un débat sur les signes religieux qui est bien complexe.

Une chose est sûre : sans ces différences vestimentaires, nous sommes toutes pareilles et cherchons toutes le respect et l'amour. Alors, soyez grande et offrez votre amitié à ces jeunes filles « pas pareilles », comme vous le feriez avec quelqu'un d'autre.

Vous découvrirez chez elles une culture différente de la vôtre et verrez ainsi une autre forme de bienséance. Par contre, n'oublions pas qu'on ne fait pas partie d'un groupe ou d'une religion simplement parce qu'on en porte le costume. Il faut comprendre la démarche et surtout se respecter mutuellement.

Le confort et votre corps

Ah! la mode et les tendances! Que de pleurs autour d'une simple paire de jeans à 100 $. Réfléchissez une petite minute et vous en conviendrez : cela vaut-il la peine de mettre vos parents devant un tel investissement ou d'utiliser la manipulation pour obtenir un vêtement que vous ne porterez pas plus de six mois ? Soyez respectueuse de la décision de vos parents d'acheter ou non le vêtement souhaité.

Connaissez-vous le « MÉGAsinage » ? C'est acheter dans une méga vente ce qui dormira dans votre garde-robe. Je vous suggère avant tout de choisir des vêtements qui vous vont bien et surtout de magasiner avec les bonnes personnes.

Les amies sont rarement de bonnes conseillères. Elles pourraient vous pousser à faire un achat compulsif et ne vous empêcheront probablement pas de choisir un vêtement qui ne vous va pas bien. Certaines iront même jusqu'à faire exprès pour que vous preniez le mauvais vêtement afin de mieux paraître que vous. La jalousie existe parfois même entre bonnes copines !

Porter un vêtement qui vous va bien est un vrai plaisir. Si l'on vous dit : « Cet ensemble te va à ravir », vous avez fait le bon choix. Si l'on vous dit que votre robe est belle, cela veut peut-être dire : « La robe est belle, mais elle ne te va pas très bien. »

> **RÈGLE :**
> Les créateurs de mode « couvrent » souvent de ridicule les mannequins internationaux. Ne portez que ce qui vous va bien.

Il y a une différence entre ce qui vous va bien et un vêtement qui est beau tout court. Sachez faire la distinction entre les deux compliments.

Le magasinage

Voici comment répondre lorsqu'on vous offre de l'aide dans une boutique :

1) Merci, mais je ne fais que regarder pour le moment ;
2) Merci de m'offrir votre aide, mais je ne suis pas certaine d'acheter ;
3) Merci, mais je préférerais faire le tour seule, tranquillement ;
4) Je sais qu'il s'agit de votre travail, mais je ne suis pas prête, merci.

Sachez que le travail de la vendeuse inclut aussi la surveillance. Alors, respectez le fait qu'elle vous suive ou garde un œil sur vous. Remerciez-la et répétez-lui que vous ne faites que regarder pour le moment. N'investissez jamais une cabine d'essayage pendant de longues minutes juste pour le plaisir !

Si une amie vous demande conseil et que son ensemble ne l'avantage pas, soyez franche et dites-le-lui avant qu'elle ne l'achète. Si vous craignez de lui faire de la peine, demandez-lui pour quelle occasion elle désire ce vêtement et montrez un peu de doute. Vous pourriez dire : « Tu sais, il ne s'agit que de mon opinion, mais tu peux me dire pour quelle occasion ou quand tu comptes le porter ? » ou « Est-ce que je te ferais beaucoup de peine si je te disais ce que je pense ? » ou encore « Je sais que tu aimes ce vêtement, mais je ne suis pas du même avis. »

N'allez surtout pas acheter le vêtement en question pour vous par la suite, votre amie pourrait croire que vous vouliez vous l'approprier dès le départ.

Être « cool » en public

Être cool, qu'est-ce que ça veut dire ? Une personne cool, c'est une personne qui ne se laisse pas influencer par ses émotions et qui analyse toutes les situations avant d'entrer « dans la danse ». C'est une personne très peu influençable, qui crée elle-même son image et contrôle ses émotions.

> *- Oh ! maman ! moi, quand je suis nerveuse, j'ai chaud et j'oublie tout !*
> *- Voilà justement le contraire d'être « cool ».*

Être cool, c'est une image, une projection, une façon de voir la vie. Pour être vraiment cool, il n'est pas nécessaire de se faire percer le nombril ; il s'agit d'abord et avant tout de se respecter, car c'est à cette condition que l'on en imposera par son look et sa personnalité.

La fille cool sera celle qui sortira du lot, par son originalité tout autant que par son bon goût. Les amis voudront lui ressembler et les parents voudront l'adopter. Voilà la jeune fille vraiment cool.

RÈGLE : Être « cool » dans la vie, c'est avant tout être capable d'apporter bonheur et plaisir autour de soi... tout en restant soi-même.

Ce qui est cool pour l'un ne l'est pas nécessairement pour l'autre. Soyez celle dont tous parleront en bien et qui attirera le respect, plutôt que celle qui sera montrée du doigt négativement.

Être cool, c'est laisser un bon souvenir : « Elle a été tellement cool pour moi ! Sans elle, je n'aurais pas pu y arriver ! »

CHAPITRE 11

SAVOIR RECEVOIR UN COMMENTAIRE

Recevoir un compliment

Il est tellement agréable de recevoir un compliment ! Mais quand ce compliment provient d'un inconnu, il semble que nous perdions nos moyens. Je me rappelle que lorsque j'étais jeune, un homme dans la rue m'avait dit : « Que vous avez de beaux yeux, mademoiselle ! » Je me suis sentie fondre de gêne sur le trottoir. L'homme, qui vraisemblablement était un gentleman, a bien vu ma réaction et a ajouté gentiment : « Lorsqu'on vous fait un compliment sincère, il faut dire merci, tout simplement. » J'en suis restée un peu secouée !

En fait, aujourd'hui, on nous dit de ne pas parler aux inconnus, que les étrangers sont dangereux, qu'il faut se méfier, mais il existe encore des personnes capables de faire des compliments sans arrière-pensée. Alors, acceptez les remarques flatteuses... tout en restant sur vos gardes.

Quelqu'un vous dit que vous êtes séduisante, que vous avez de beaux yeux, un beau sourire ? N'appelez pas la police ; remerciez aimablement et brièvement la personne, mais ne vous en approchez pas pour autant. Il n'y a qu'un seul genre de réponse à donner à un compliment venant d'un inconnu : « Merci, c'est très gentil à vous ! » ou « Je vous remercie beaucoup ! » Regardez-le dans les yeux, il ne doit pas sentir votre gêne ou votre joie de recevoir ce compliment. Restez calme, soyez cool ! Tout le monde mérite bien un compliment de temps en temps.

Recevoir une critique

Ah ! qu'il est facile de critiquer quelqu'un ! Sachez que personne n'aime recevoir une critique. Que faire pour exprimer son opinion et accepter celle des autres ? La règle d'or : le respect. Une critique peut construire ou détruire, faites votre choix !

Comment tuer une personne en une seconde ? En lançant quelques petits mots assassins du genre : « Je n'aime pas ta façon de marcher ou de t'habiller » ou « Tu as engraissé ! » Vous le savez, la franchise n'a pas sa place partout. Pourquoi voulez-vous faire tel ou tel commentaire ? Est-ce dans un but positif ou pour blesser la personne ? Le faites-vous dans son dos, par méchanceté ? Que gagnerez-vous à vouloir absolument exprimer cette opinion ?

La personne qui vous critique le fait souvent pour votre bien, parce que plusieurs personnes le pensent et peu oseraient vous le dire. Recevoir une critique, c'est, la plupart du temps, comme recevoir un cadeau... qu'il vaut mieux déballer lentement. Dites merci et allez « digérer » tranquillement.

> **RÈGLE :**
> Exiger de soi-même ce qu'on réclame aux autres nous permet de rendre la critique plus « acceptable » et légitime. Mais ne soyez pas non plus trop perfectionniste !

Le respect commande des égards : « Puis-je me permettre un commentaire ? » ou « Je sais que vous le savez déjà, mais vous pourriez... » Bref, enrobez une note « chaleureuse » à votre critique. Face à une critique dirigée vers vous, posez-vous la question suivante : « Qui suis-je pour ne pas en recevoir une de temps à autre ? Suis-je si parfaite que ça ? Je veux savoir ! »

Recevoir un ordre

Qu'est-ce qui est plus facile ? Donner ou recevoir un ordre ? Il y a plusieurs façons de recevoir un ordre. Que nous le trouvions justifié ou non, il faut apprendre à ne pas opter pour la rébellion instantanée, mais plutôt à réfléchir à cet ordre. Il y a dans notre société des échelons d'autorité : les policiers, les professeurs, le directeur d'école, vos parents. Vous avez le droit de demander une justification à un ordre. Mais pas dans toutes les situations.

> *- Maman, qui a le droit de me donner un ordre ?*
>
> *- Tes parents, tes professeurs, un policier ou un gardien de sécurité, un juge, un ami, bref, toute personne ayant comme travail de garder l'ordre ou toute autre qui tient simplement à toi.*

RÈGLE :
Un ordre donné dans un esprit positif est la manifestation d'un pouvoir reconnu ; l'exécuter est la manifestation de la raison et du respect.

Si un policier vous crie : « Stop ! », vous devez vous arrêter sur-le-champ, sans questionnement. Vous poserez vos questions lorsque le calme sera revenu et que vous comprendrez ce qui arrive.

1) Je ne réplique pas à un ordre à moins d'avoir une très bonne raison de le faire.

2) Je dois analyser si cet ordre est pour mon bien.

3) Qui est cette personne pour me parler ainsi ? Ai-je commis une faute ?

4) Cette personne me manipule-t-elle, abuse-t-elle de son autorité ?

5) Ai-je peur de cette personne ? Suis-je une victime ?

Si vous sentez que quelqu'un, de par la façon dont il donne un ordre, abuse de son autorité sur vous ou sur quelqu'un d'autre, cela ne servira à rien de le confronter sans arguments valables.

Cherchez une personne qui n'est pas directement concernée par le problème et qui pourrait comprendre. Un parent, un oncle, un ami de vos parents. Il y a certainement un moyen de vous en sortir. Prenez le temps de réfléchir et de bien choisir la personne à laquelle vous demanderez d'intervenir.

Il y a tellement de violence dans nos jeux vidéo et dans les émissions qu'on voit à la télé que nous finissons par nous habituer à certains tons de voix inappropriés. Pourtant, nous devons nous respecter mutuellement et faire comprendre à ceux qui nous entourent que nous n'acceptons pas de nous faire parler sur un ton irrespectueux.

Les ordres irrecevables, les manipulations et les abus ne doivent être acceptés sous aucun prétexte.

Il existe des organismes et des personnes qui peuvent vous conseiller dans ces situations. Mais la première chose à faire avant d'alerter une tierce personne, c'est de vous imposer et de vous faire respecter.

Recevoir un prix et des honneurs

Les cérémonies de remise de médailles, de certificats ou de trophées sont des journées mémorables pour vous toutes. Les êtres humains ont inventé des façons de se récompenser pour leurs bons agissements. Une forme d'encouragement qui nous aide à vouloir devenir meilleurs dans la vie.

Lors de ces cérémonies, l'attente est l'étape la plus difficile. Nous aimerions bien ramasser notre dû et partir ensuite, mais ça ne se passe pas ainsi. Les discours, les remerciements sont souvent longs et parfois endormants. Restez calme, car d'autres patienteront lorsque ce sera votre tour.

Portez des vêtements dignes des grandes occasions, de couleur sobre, de préférence sans imprimés de fleurs, de pois ou de lignes. Privilégiez des vêtements aux coupes classiques. Optez pour des souliers fermés. Le sac à main doit être petit et de la même couleur que les souliers. N'oubliez pas que vous serez photographiée et que plus tard vous montrerez certainement ces photos à vos enfants.

Lorsqu'on vous appelle à l'avant, marchez la tête haute, mais regardez quand même là où vous mettez les pieds. Serrez fermement la main des personnes qui vous présentent la leur, glissez votre main gauche par-dessus la droite et prenez le certificat de la main gauche. Placez-vous à côté de la personne et souriez pour la photo et les applaudissements. Si l'on doit vous remettre une médaille, penchez la tête en avant pour permettre qu'on vous passe le ruban autour du cou.

La timidité

L'essence de la timidité est la peur. Ces peurs surgissent du fond de nous et nous empêchent de profiter pleinement de la vie. Toute personne qui a réussi à vaincre sa timidité vous dira que sa gêne était totalement injustifiée.

> *La timidité perd tout son sens quand on se sait aimée, acceptée avec ses forces et ses faiblesses.*
> — SANDRA PARÉ

J'ai pris les pires décisions de ma vie quand j'étais aveuglée par la peur. J'ai manqué d'innombrables occasions à cause de mon agoraphobie (peur des foules et des déplacements). Aujourd'hui, je regarde tout cela avec du recul et je trouve que j'ai fait de trop grands détours pour atteindre mes buts.

Quelles sont vos craintes ? La peur de votre prochain examen ? La peur de quitter quelqu'un que vous n'aimez plus ? La peur de parler devant un auditoire qui ne demande qu'à vous écouter ? La peur d'être jugée ? La prise de conscience de votre timidité ?

Les personnes timides sont souvent jugées comme étant des personnes sauvages. Parce que, lorsqu'on est timide, on est incapable d'exprimer pourquoi on l'est. C'est aussi bête que cela. Nous nous enfermons dans une carapace, et gare à celui qui tente d'y entrer !

La personne timide a peut-être de bonnes raisons de l'être. Est-ce la première fois qu'elle doit parler devant un public ? Lui a-t-on montré comment se comporter dans cette situation ? Si on ne sait pas comment se conduire en public, on devient nerveux et, bien souvent, on se met les pieds dans les plats.

Vous côtoyez quelqu'un de timide ? Vous aimeriez l'aider ? Parlez-lui beaucoup et parlez- lui encore ! Ne lui laissez pas le temps de se convaincre qu'il ou elle est un(e) imbécile. Accompagnez doucement cette personne et surtout faites bien attention au ton de votre voix et aux gestes que vous poserez.

Les dix R contre la timidité

1) **RAFFINE** ton langage et ton élégance physique.
2) **RALENTIS** ton débit vocal.
3) **RATIONALISE** tes peurs.
4) **RANIME** tes passions.
5) **RASSEMBLE** ton courage.
6) **RAPPELLE-TOI** un événement rassurant.
7) **RECONNAIS** tes forces.
8) **RECOMMENCE** si tu bafouilles.
9) **RESPIRE** quand tu es stressée.
10) **REPÈRE** à l'avance les moments propices à la timidité.

CHAPITRE 12

SAVOIR S'ADRESSER AUX AUTRES

La délicatesse et le respect dans le langage

Toute chose n'est pas bonne à dire. Les autres sont-ils vraiment obligés de connaître le fond de votre pensée ? Cela servira-t-il à les rendre plus heureux ? Vous sentirez-vous mieux après ? La personne sur laquelle vous « déversez » votre opinion sans trop d'égards passe peut-être une terrible journée, et vos commentaires pourraient la décourager davantage.

> **RÈGLE :**
> Si la personne semble occupée ou parle à quelqu'un d'autre, laissez-la finir sa phrase et excusez-vous avant de lui adresser la parole.

Si on vous pose une question, répondez simplement ou abstenez-vous de répondre. Dites : « Dois-je vraiment répondre à cette question ? » ou « Je suis désolée, mais je n'ai pas la réponse à cette question. » Les réponses doivent être brèves et éviter les comparaisons.

La personne est occupée à autre chose, et vous devez lui parler. Attirez son attention en vous excusant avant de poser votre question. « Excusez-moi (silence), où se trouve la rue du Collège ? » « Maman (silence), peux-tu venir m'aider à faire ce devoir ? » Surtout, laissez aux gens le temps de vous répondre. Ce délai donne à la personne le temps nécessaire pour que vous puissiez gagner son attention.

Un mot comme Madame, Monsieur, Maman ou Papa au début d'une phrase instaure un sentiment d'appartenance envers la personne, mais permet aussi d'attirer toute son attention vers vous.

« Madame Lemay (attendez qu'elle vous regarde), puis-je vous aider à traverser cette rue ? » Le regard est primordial avant la parole.

Les mathématiques de la communication

La délicatesse dans le langage est tout un exercice de mathématiques. Un casse-tête inutile, diront plusieurs. Mais si vous faites le calcul, le résultat vous assurera un pourcentage plus élevé de réussites.

Les 7 mots les plus importants de la vie :
Je sais que j'ai fait une erreur.

Les 6 mots les plus doux à entendre :
Je sais que j'ai eu tort.

Les 5 mots les plus encourageants :
Tu as su bien agir.

Les 4 mots les plus invitants :
Quelle est ton opinion ?

Les 3 mots les plus rassurants :
Tu as raison.

Les 2 mots les plus doux :
Je t'aime.

1 mot, s'il ne devait en rester qu'un dans le dictionnaire, serait :
Respect.

Le « *Je tu il nous vous ils* » de la vie

Il m'arrive souvent de me demander si je ne prendrais pas plus de plaisir à vouvoyer tous les gens qui m'entourent. J'aimerais bien me retrouver au temps de Roméo et Juliette pour vouvoyer mon amoureux. C'est tellement romantique ! En m'adressant à vous dans ce livre à la deuxième personne du pluriel, je me suis fait un très grand plaisir. Je sais que vous, Mélanie, Sarah, Kassandra, lirez ce livre seule dans votre chambre. Pourtant, je vous vouvoie, car vous êtes importantes pour moi.

Le tutoiement ne devrait être utilisé qu'avec les personnes qui sont très proches de vous ou qui ont le même âge ou le même statut social. Si l'on vous présente une personne (adulte), commencez toujours par lui dire *vous*. Si elle tient à être tutoyée, elle vous en fera la demande. Il est aussi possible de demander à quelqu'un : « Puis-je vous dire tu ? » ou « Puis-je vous tutoyer ? » On vous dit non ? N'en soyez pas mal à l'aise et poursuivez votre conversation comme si de rien n'était.

> **RÈGLE :**
> Le vouvoiement vous offre une distance qui pourrait grandement vous servir dans vos relations avec les autres. Cette distance peut vous protéger des personnes malveillantes, mais a aussi pour avantage d'établir le respect des deux côtés.

Qui vouvoie-t-on ? Le docteur, la dentiste, le maire, le premier ministre, vos professeurs, les membres de la direction, les parents de votre petit ami, la serveuse au restaurant, le vendeur et la caissière au magasin, le chauffeur d'autobus, les clients que vous servez au travail, votre patronne, etc.

En fait, toute personne ne faisant pas partie de votre famille immédiate ou de votre cercle d'amis.

Dire merci, si difficile que cela ?

Cette soirée était un désastre ! Vos parents vous avaient convaincue de les accompagner parce que vos cousins y seraient. Finalement, les cousins brillent par leur absence. Vous vous retrouvez la seule adolescente et vous vous ennuyez royalement. Qui devra payer pour ça ? Bouder ? Geindre ? « Chialer ? » Demander à vos parents de partir sur-le-champ ? Entre vous et moi, personne ne doit payer. Il ne s'agit que de quelques heures dans votre longue vie qui commence.

> *Merci ne coûte rien, mais permet tout !*
> — ANONYME

En plus, au moment de partir, vous ne voulez pas dire merci à vos hôtes ? Et pourquoi donc ? Vous n'avez pas envie de dire merci, puisque vous êtes déçue ! Merci ? Merci à qui ? Merci à quoi ? Non merci, je ne veux pas dire merci ! Pourtant, personne n'est entièrement responsable de cette situation. Donc, dites quand même merci à vos hôtes...

On dit TOUJOURS merci !

- Qu'on aime ou qu'on n'aime pas.
- Qu'on le veuille ou qu'on ne le veuille pas.

On dit TOUJOURS merci !

- À ceux qui nous rendent service.
- À ceux qui ne nous rendent pas toujours service.

On dit TOUJOURS merci !

- À ceux qui partagent notre vie.

Dites haut et fort **MERCI** et, dans votre for intérieur, vous aurez toujours le droit de dire que vous ne vous y ferez pas prendre deux fois.

Utiliser le NON de façon appropriée

Dire non à une amie de son âge est en quelque sorte assez simple. On vous demande : « Veux-tu aller patiner ? » Ne lancez surtout pas un gros non catégorique. Dites plutôt : « Ça ne me le dit pas vraiment (silence), faisons autre chose, tu veux ? » Le refus passe plus facilement si vous offrez une solution de rechange. Mais sachez que vous aussi, vous devrez accepter le refus avec sérénité.

Dire non à la demande d'un adulte est souvent difficile à votre âge. Par exemple, vous gardez les enfants des voisins depuis plus de six heures et vous attendez impatiemment les parents qui doivent rentrer d'une minute à l'autre. Tout à coup, le téléphone sonne et on vous demande si vous pouvez rester un peu plus longtemps. Comment refuser sans risquer de perdre votre bonne entente avec eux ? Vous avez le droit de refuser !

Vous avez peu de temps pour évaluer si vous devriez vous résigner à accepter ou refuser. Prenez le temps qu'il faut pour réfléchir. « J'avais quelque chose de prévu, laissez-moi voir si je peux rester plus tard. Puis-je vous rappeler dans quelques minutes ? » Si vous deviez refuser, excusez-vous auprès de la personne avant de donner votre réponse et dites que c'est rare que vous ne puissiez pas acquiescer à une de ces demandes. Une autre fois, peut-être ?

Un adulte vous demande de faire quelque chose que vous jugez inapproprié. Vous avez peur ? Respirez et ne laissez pas la peur vous paralyser. Le non doit être convaincant et sans équivoque. Prenez le chemin de la sortie ou rejoignez d'autres personnes. On vous agrippe et on veut vous forcer ? Criez « au feu ! » : c'est le meilleur non qui soit.

Délicatesse verbale envers nos aînés

Que c'est dur pour une adolescente de se faire faire la morale par sa grand-mère ou son grand-père ! Mais est-ce vraiment une question de morale ou s'agit-il de ce qu'on appelle le transfert de connaissances ? Réfléchissons.

Vos grands-parents ont depuis longtemps élevé leurs enfants (vos parents). Ils manquaient de temps entre le travail et la famille... Et les familles étaient plus nombreuses qu'aujourd'hui. Savez-vous combien de temps cela prenait pour recevoir une lettre il y a 25 ans ? Internet n'existait pas ! Alors, maintenant qu'ils ont du temps, vos grands-parents aimeraient que vous fassiez partie de leur vie pour vous donner ce qu'ils ont de meilleur, même si vous n'êtes pas toujours d'accord.

Une chose est certaine : qu'ils soient nés avant vous ne leur donne pas tous les droits, mais que vous soyez née après eux ne vous donne pas le droit d'être irrespectueuse. Réservez-leur de la place dans votre vie. Ils s'attendent à être traités avec attention et respect, c'est normal.

Plutôt que de vous sentir agressée par les commentaires et les attentes personnelles de vos grands-parents, faites-vous-en des alliés ! Ils ont une expérience de vie précieuse et peuvent vous donner des trucs extra-ordinaires pour vous tirer d'embarras. Certes, Mamie ne peut peut-être pas vous aider à comprendre Twitter, mais elle peut faire avec vous la meilleure des confitures, vous apprendre à coudre un bouton et peut-être vous aider à rédiger un texte sans fautes.

Vos grands-parents vous surveillent lorsque vos parents s'absentent ? Les règles sont celles de vos grands-parents lorsqu'ils sont responsables de vous. Vous n'êtes pas satisfaite ? Négociez avec eux poliment et sans agressivité des règles claires et faites entrer vos parents dans vos décisions afin de ne pas créer de conflits.

Les droits de l'homme sont les mêmes quel que soit notre âge. Il y a des organismes qui protègent vos droits et il y en a qui protègent ceux des aînés. Ne leur faites pas la guerre. Nouez plutôt avec eux une belle complicité.

Les abus envers les autres finissent toujours par être découverts. N'hésitez pas à parler à une personne de confiance si vous constatez qu'un de vos proches abuse de vos grands-parents ou d'une personne âgée.

La maladie qui affecte un vieillard peut aussi inspirer certaines personnes malfaisantes. Sans vous mettre dans l'embarras, demandez à grand-maman si elle est à l'aise avec la situation. Si vous croyez qu'elle protège un agresseur ou qu'elle ne se rend compte de rien, parlez à une personne ne faisant pas partie de l'entourage immédiat de la personne soupçonnée. Ne faites pas de drame, soyez simplement vigilante.

CHAPITRE 13

SAVOIR VIVRE
AVEC LES AUTRES

La séduction : un couteau utile, mais tranchant

Savoir séduire est une qualité, et ce, pour maintes raisons. Que ce soit pour vendre ou obtenir quelque chose, nous utilisons tous la séduction pour arriver à nos fins. Même un bébé saura séduire pour recevoir une part de gâteau supplémentaire ou une friandise. Le vendeur de glaces vous dira que vous avez un beau vêtement pour vous mettre à l'aise et que vous achetiez chez lui. Utiliser la séduction à bon escient peut être charmant, mais vouloir séduire à tout prix peut être lassant pour les autres... et risqué pour vous !

Sachez reconnaître le pouvoir et les limites de la séduction pour parvenir à vous en servir positivement. Car lorsque s'engage un vrai rapport de forces, vous risquez que l'autre personne gagne la bataille par son intelligence et non par la séduction.

Vous êtes une séductrice née ? Sachez que la séduction peut faire peur à certaines personnes qui sentent que vous les manipulez pour arriver à vos fins. Une surutilisation de la séduction peut rebuter votre interlocuteur et même paraître comme un signe de faiblesse de votre part. Lorsqu'on doit absolument arriver à séduire, est-ce parce qu'on a utilisé tous les autres arguments ? Les gens ne sont pas dupes, ils voient souvent très clair dans notre jeu.

La séduction, c'est un sourire, un regard, un geste, une façon de marcher. Tel un animal, nous utilisons notre corps pour apprivoiser ou hypnotiser l'autre. Le danger est de ne pas se rendre compte qu'on agit ainsi ou d'en abuser !

Faire une promesse et tenir parole quand le secret pèse lourd

Faire une promesse, c'est aussi important qu'apposer votre signature au bas d'un contrat. Les promesses sont faites pour être respectées, mais vous devez vous respecter avant de donner votre parole à qui que ce soit.

Que faire si vous êtes témoin d'un événement malheureux et qu'on exige de vous une promesse de silence ? Si vous acceptez et que la chose se dévoile, vous risquerez d'être reconnue comme complice. Il faut donc expliquer à la personne que vous êtes libre de parler ou non. Si elle vous menace, vous aurez toujours le choix d'aller le dire aux autorités.

Votre meilleure amie vous avoue qu'elle songe à faire une fugue. Elle vous demande de ne le dire à personne. Sachez que cette personne vous demande de porter le poids de ses actes avec elle. C'est un prix très cher payé pour une amitié. Et s'il lui arrivait malheur ? Comment vous sentiriez-vous s'il lui arrivait un accident, si elle se faisait enlever, violer ? Vous le regretteriez, n'est-ce pas ?

Tenir votre parole est la promesse d'un accomplissement. Que vous vous engagiez à remplacer quelqu'un au travail, à rester disponible pour garder les enfants de la voisine, à ranger votre chambre ou à faire vos devoirs, tout cela rime à la même chose. C'est votre estime de vous qui est en jeu, de même que celle que les autres vous accorderont. Alors, respectez votre parole donnée.

Vous pouvez toujours renégocier, mais pensez-y : vous aimeriez, vous aussi, que la personne qui s'engage auprès de vous respecte sa parole.

Se réconcilier après un différend

Il faut tenir compte de la gravité de la faute, de l'âge des personnes impliquées, des circonstances. Sachez d'abord que plus vous attendez avant de régler une situation ou pour pardonner à une personne, plus la situation risque de se répéter rapidement. Il faut conjurer le mauvais sort dès qu'il est jeté. Il est de mise de faire preuve de beaucoup de délicatesse lorsqu'on doit se faire pardonner. Par contre, il faut quand même avoir évalué la situation et analyser si nous sommes vraiment les fautives... Voici quelques exemples :

- **Le courage du premier pas :** C'est trop bête qu'on soit fâchées !
- **Pas de réponse de l'autre partie ?** Laissez passer un peu de temps.
- **La situation dure et perdure ?** Proposez une rencontre franche.
- **La personne refuse la rencontre ?** Demandez le pourquoi de ce refus ou lâchez prise.

Il est important de comprendre que vous ne pouvez pousser quelqu'un à vous pardonner. Une situation qui vous semble anodine peut être difficile à accepter pour l'autre personne.

> *- Tu as raison, maman. Lydia est tellement rancunière. On dirait qu'elle a le droit de faire des erreurs, et pas moi ! Quand on se brouille, c'est toujours moi qui dois m'excuser !*

Un peu de tact, s'il vous plaît !

La plus grande qualité des bons communicateurs est le tact. Qu'est-ce que cela veut dire, avoir du tact ? C'est savoir intuitivement ce qu'il convient de dire à un moment précis. La personne qui a du tact se donnera la peine de réfléchir et de modifier sa façon de s'exprimer afin de communiquer avec sensibilité et sincérité.

> **VOICI L'EXEMPLE D'UNE SITUATION OÙ LA PERSONNE A SU COMMUNIQUER AVEC TACT.**
>
> Dans un magasin de chaussures, une dame désire les chaussures sur la tablette du bas. Elles sont visiblement trop étroites pour ses pieds.
>
> La jeune fille qui a du tact dit : « Madame, ces chaussures sont trop petites pour vos pieds » au lieu de dire : « Madame, vos pieds sont trop larges pour ces chaussures. »

Tout est dans la façon de le dire ! Avoir du tact, c'est aussi faire l'effort de nous rappeler les lieux, les noms et les événements qui nous relient aux autres. Les gens sont tellement heureux lorsqu'ils constatent que vous vous souvenez d'eux !

À l'adolescence, il nous arrive souvent de ne pas nous rappeler les gens et les événements de notre enfance. Dès aujourd'hui, prenez l'habitude de vous souvenir de ces petits détails qui font plaisir.

Mettez votre interlocuteur dans votre poche et peut-être réussirez-vous à obtenir plus facilement ce que vous désirez. Ne le faites pas que pour l'obtenir, mais aussi pour devenir une jeune fille exceptionnelle et sensible aux autres.

Avez-vous un esprit critique ?

Est-ce vrai que toute opinion n'est pas bonne à dire ? En fait, nous serions fous d'exiger que tout le monde soit d'accord avec nous. Notre société n'avancerait pas si elle n'était pas soumise aux jugements de ceux et celles qui la composent. Et puis, cela nous permet de devenir meilleurs !

> *- Je constate que souvent, lorsque je parle d'un film ou d'un livre à mes amies, elles n'ont pas les mêmes opinions que moi. Je crains même parfois d'exprimer mes opinions de peur de déplaire.*
>
> *- Ma chère, il faut respecter tes propres opinions ET celles des autres.*

Respecter une opinion ne veut pas dire changer la nôtre ! Cependant, nous espérons que lorsqu'une personne critique une situation ou un fait, elle s'est posé les bonnes questions. Une vraie critique ne peut pas être seulement négative. Elle doit faire la lumière sur ce qui est bon et moins bon en tenant compte de références personnelles (connaissances et expériences).

Avant d'émettre une critique ou une opinion sur un sujet, il est judicieux de débuter par une question ou une mise en situation du genre :

> - Puis-je vous donner mon opinion, sans que cela vous offense ?

> - Si vous me demandez mon opinion, eh bien, la voici...

De cette façon, la personne qui ne désire pas connaître votre opinion vous le fera savoir, et cela vous évitera de risquer de la blesser inutilement. Développez votre esprit critique en partageant vos commentaires avec des personnes ouvertes. Vous saurez ainsi mieux vous exprimer dans des situations plus délicates. Mais retenez bien ceci : votre opinion ne peut pas tout changer !

Les dix A de la confiance en soi

1) **ABATTRE** ses clôtures.

2) **ACCEPTER** ses échecs.

3) **ACCUEILLIR** sa réussite.

4) **ACCOMPLIR** son devoir.

5) **AFFIRMER** poliment ses opinions.

6) **AGIR AVANT** les autres.

7) **AIDER** son prochain.

8) **ALIMENTER** ses connaissances.

9) **APPRENDRE** à dire non.

10) **APPRIVOISER** sa réussite !

CHAPITRE 14

LES DANGERS DE LA VIE EN SOCIÉTÉ

> - *Maman, écoute celle-là ! Les rumeurs, c'est comme du beurre, ça s'étend bien, mais c'est difficile à ramasser ! Elle est bonne, n'est-ce pas?*

Médisances, rumeurs et légendes urbaines

Combien de vies ont été gâchées à cause de médisances et de fausses rumeurs ? Combien de dépressions et de suicides auraient pu être évités si les jeunes connaissaient l'impact que peuvent avoir leurs paroles sur la vie des autres ? Savoir vivre, c'est respecter les multiples choix et personnalités des autres. Comment peut-on inventer des rumeurs ou des légendes urbaines, faire de la vie d'une autre personne un enfer ?

Deux adolescentes entrent dans un établissement de restauration rapide pour y manger un hamburger et des frites. Parmi ses frites, l'une d'elles découvre... un doigt humain. Croyez-vous vraiment à tout ce qu'on raconte sur Internet ou à la télévision ?

Vous l'avez compris, une légende urbaine, c'est une rumeur, la version populaire de la fausse nouvelle qu'on raconte avec un mélange de fascination et d'incrédulité dans la cour d'une école et qu'on partage ensuite par courriel. Ces fausses nouvelles ont surtout pour effet de faire frissonner les personnes un peu crédules. Mais ces fausses vérités sont aussi dangereuses, d'autant plus qu'elles sont véhiculées par des vecteurs très puissants : la radio, la télévision, les journaux et Internet.

> **RÈGLE :**
> Utilisez votre bon sens pour faire le bien et non pour détruire votre prochain !

Devenez agent de détection

Notre innocence et notre amour de la vie font que nous oublions que notre monde est dangereux, que des situations malheureuses arrivent tous les jours. Tout être humain a un bon et un mauvais côté, et il arrive que quelqu'un choisisse le côté noir de la vie. Tous les jours, il y a des vols, des meurtres, des enlèvements, bref, de grands drames. Nous devons continuellement penser à notre sécurité, sans toutefois développer une phobie...

La prévention est votre meilleure arme. Elle évitera que vous vous retrouviez dans une situation dangereuse. Pour cela, vous devez développer un instinct d'agent de détection, tel un enquêteur de police.

Amusons-nous ! Vous entrez dans un restaurant. En moins de 20 secondes, combien y a-t-il d'hommes, de femmes, d'enfants ? Est-ce que tout le monde à l'air heureux ? Les personnes semblent-elles plus intéressées par ce qui se passe à côté qu'à elles-mêmes ?

Vous allez aux toilettes et, soudain, un homme se lève pour se rendre lui aussi aux toilettes situées à la porte d'à côté. Laissez-le passer devant vous. En le regardant, vous gardez le contrôle !

Lorsqu'on vous accoste, bougez continuellement devant cette personne et tenez-vous à au moins trois pieds de distance. Profitez-en pour repérer quelles sont vos options si la situation tourne mal.

> **RÈGLE :**
> On ne reste jamais là où l'on n'est pas en sécurité !

La politesse veut que vous répondiez toujours à une question posée gentiment, mais jamais au prix de votre sécurité !

Les sorties à la danse du vendredi ou en boîte

Le plaisir sera au rendez-vous. Lors de vos sorties, il est primordial de prendre soin de vous avant tout, mais vous devrez aussi contrôler les personnes qui vous accompagnent. Retenez ces groupes de trois.

Le départ et l'arrivée _____

1) Ponctualité — Soyez à l'heure prévue pour le départ et pour le retour.

2) Discipline — Respectez votre parole auprès de vos parents.

3) Sécurité — Partez avec une personne et revenez avec celle-ci.

Au cours de la soirée _____

1) Visibilité — Gardez un œil sur vos amies.

2) Accessibilité — Allez aux toilettes ou à l'extérieur de la salle toujours accompagnée.

3) Disponibilité — Si un problème survient, soyez prête à intervenir (cellulaire).

Pour des souvenirs mémorables _____

1) Soyez raisonnable — Ce n'est pas la dernière soirée de votre vie.

2) Responsable — Pour qu'on vous fasse de nouveau confiance.

3) Aimable — Au retour, soyez aimable avec vos parents et remerciez-les de vous avoir permis de sortir.

Évitez de laisser traîner vos consommations sans surveillance. Dans le doute, laissez le verre là et commandez-en un autre. Certaines drogues peuvent être déposées dans votre verre pour vous faire perdre le contrôle afin que l'on puisse abuser de vous psychologiquement ou physiquement. Prévenez vos amies que si votre comportement vient à changer subitement, elles doivent appeler vos parents.

Vous désirez être traitée en adulte ? Agissez comme tel et tenez parole. Assurez-vous que votre partenaire ou vos amies sont au courant de vos déplacements ou informés si vous devez partir plus tôt que prévu. Conservez toujours sur vous de l'argent pour prendre un taxi au cas où vous devriez quitter les lieux rapidement.

Il existe maintenant des cartes prépayées pour les taxis. Vous n'avez vraiment pas d'argent ? Rendez-vous à la maison et demandez à vos parents de payer la course. Vous réglerez la situation avec eux le lendemain. Il s'agit de votre sécurité, et vos parents préféreront que vous soyez à la maison plutôt que de ne pas savoir où vous êtes.

Gardez votre cellulaire dans vos mains et, lorsque vous êtes dans le taxi, prévenez vos parents que vous êtes en chemin et dites-leur même le nom de la rue où vous êtes... par sécurité.

Phobies ? Zéro !

Parlons-en, de ces phobies qui sont, pour plusieurs d'entre vous, comme des maillons reliés les uns aux autres et qui finissent par vous prendre à la gorge jusqu'à vomir ! Anxiété, agoraphobie, claustrophobie, etc. Avant de vous attaquer à vos phobies, vous devez les identifier.

- Avez-vous peur de sortir de la maison ?
- Avez-vous peur de traverser un pont en voiture ?
- Avez-vous peur dans les foules et dans les endroits publics ?
- Avez-vous peur de toucher des objets ou des personnes ?
- Refaites-vous continuellement les mêmes gestes de façon incontrôlée ?
- Vous privez-vous de faire une activité considérée comme normale ?
- Faites-vous régulièrement des cauchemars associés à cette activité ?
- Passez-vous rapidement de la joie à une très grande tristesse ?
- Êtes-vous découragée au point de vouloir vous suicider ?

Si vous avez répondu oui à l'une de ces questions, il est possible que vous soyez sujette aux phobies.

L'homophobie est une phobie très répandue. Ne laissez personne détruire la vie de quelqu'un d'autre parce qu'il a une orientation sexuelle différente. Parlez-en à vos parents ou à vos éducateurs, et restez proche de ces personnes.

> **RÈGLE :**
> J'accepte les autres avec leurs différences comme ils m'acceptent avec les miennes.

Maxime Roussy est porte-parole de l'organisme Phobies-Zéro. Pour lui, la vie était pénible : sortir de chez lui, rencontrer des gens, prendre sa voiture, absolument tout. Cet auteur jeunesse à succès (*Pakkal*, *Namasté* et autres) a su, au fil des années, contrôler ses phobies.

> - *Maman, je leur dis non quand on m'offre des cigarettes, et ils reviennent toujours à la charge. Comme si je devais absolument fumer !*

Les dix bonnes façons de refuser une cigarette

1) Je ne veut pas devenir **DÉPENDANTE** de la cigarette.

2) Je ne veux avoir une **HALEINE** de cheval.

3) Personne n'aime **EMBRASSER** un cendrier.

4) Ma **SANTÉ** est ma priorité.

5) Je ne veux pas avoir les **DENTS** jaunes.

6) Fumer est une perte de **TEMPS**.

7) Je ne veux pas gaspiller mon **ARGENT**.

8) La cigarette rend **IRRITABLE**.

9) Je ne veux pas que mes **VÊTEMENTS** sentent mauvais.

10) La cigarette a un **COÛT** social énorme.

RÈGLE :
Il arrive que les gens « imposent » un état d'âme, un mécontentement ! Mais personne n'ira mettre une cigarette dans votre bouche. Alors soyez ferme tout en restant respectueuse de l'autre.

S'ils reviennent à la charge, parlez-leur au TU. Exemple :

TU as une haleine de cheval, TU gaspilles ton argent, TES vêtements sentent mauvais ! Ils devraient comprendre... À un adulte on le fait en employant le *vous*, mais avec la même insistance.

Un premier rendez-vous

Un garçon vous invite pour la première fois ? Paiera-t-il votre billet d'entrée ? Assurez-vous dès le départ de pouvoir payer, mais s'il désire le faire, laissez-lui ce plaisir. Vous l'inviterez une autre fois.

Cela fait longtemps que vous attendiez qu'il vous invite à un rendez-vous. Que ce soit pour aller voir un film ou pour une autre activité, faites de ce rendez-vous (et des suivants) un moment mémorable... positivement. Si vous ne connaissez pas beaucoup ce garçon, renseignez-vous sur lui et demandez à être accompagnée par une amie.

Assurez-vous que votre entourage connaît le lieu de votre rendez-vous et l'identité de la personne avec qui vous serez. Vous êtes tentée de consommer des boissons alcoolisées, d'essayer de fumer une cigarette, ou autre ? Par respect pour vos parents, parlez avec eux de vos petites tentations, puisqu'ils se doutent que ça s'en vient !

Le respect, c'est aussi ne jamais forcer une personne à faire quelque chose, alors ne laissez personne vous imposer quelque geste que ce soit. Écoutez votre petite voix intérieure. Se respecter soi-même, c'est savoir refuser de façon claire et trouver une porte de sortie. Soyez d'autant plus vigilante si votre petit ami est plus âgé que vous. Respecter les autres, c'est savoir que tout le monde n'est pas rendu au même degré de maturité que vous.

> *Tu verras que j'suis un gars patient et viens m'revoir quand t'auras 20 ans.*
> – *Ma p'tite Julie* DE DÉDÉ FORTIN

À l'adolescence, les différences d'âges ou de milieux de vie peuvent sembler insurmontables : deux ans, c'est énorme à l'adolescence et si mince à l'âge adulte. Il est donc préférable d'avoir des amis de votre âge qui comprennent le monde et les choses de la même façon que vous.

Les dix bonnes façons de dire non à la drogue

1) Je ne veux pas développer une **DÉPENDANCE**.
2) Je ne veux pas compromettre ma **SANTÉ**.
3) J'aime avoir le **CONTRÔLE** de mes actions.
4) J'aime comprendre ce qui se passe **AUTOUR** de moi.
5) Je ne veux pas qu'on **ABUSE** de moi.
6) Je suis seule à **DÉCIDER** pour mon corps et ma tête.
7) Je ne veux pas gaspiller mon **ARGENT**.
8) Je ne veux pas brûler les **CELLULES** de mon cerveau.
9) Je ne veux pas être **MALADE**.
10) Je sais que drogue = **PROBLÈMES** !

LES PLAISIRS DE LA VIE EN SOCIÉTÉ

Les transports en commun

Les mots « en commun » renvoient à quelque chose que l'on doit partager avec autrui. Mais pour partager, il faut savoir vivre et savoir agir avec les autres. Les règles sont claires, on ne détruit pas les lieux ou les équipements. On respecte toutes les personnes avec qui on partage ces lieux. Et on peut en faire encore plus pour démontrer son savoir-vivre.

En tout temps on doit laisser la priorité aux personnes ayant un handicap, aux personnes âgées ou à mobilité réduite, aux femmes enceintes ou aux passagers qui accompagnent de jeunes enfants. Signifiez votre intention avant de le faire. Un simple regard fera l'affaire.

Qu'il s'agisse du métro, du train ou de l'autobus, laissez les autres passagers sortir avant d'y pénétrer. Vous n'avez pas pu trouver une place assise ? Tenez-vous face aux personnes assises le plus près de vous. Déposez votre sac entre vos jambes ou tenez-le sous votre bras. Ne gardez pas votre sac à dos à la hauteur du visage des gens qui sont assis.

Pour votre sécurité, ne placez pas vos effets de valeur dans les petites poches avant de votre sac à dos. Il serait trop facile pour quelqu'un de malintentionné d'y avoir accès sans que vous vous en rendiez compte.

Il est normalement interdit de boire ou de manger dans les transports en commun. Les graffitis sont passibles de lourdes amendes. On peut se départir de sa gomme (bien qu'elle ne fasse pas l'objet d'interdiction !) en la recouvrant d'un bout de papier et en la jetant dans la première poubelle venue. Mais ça, vous le saviez déjà !

En auto

Ah ! ce micromilieu qu'est l'habitacle d'une automobile ! Peu importe ses dimensions, nous sommes tous si près les uns des autres. On se croirait à la discothèque : « Mets donc cette chanson... Tu as *la dididi boum bang* dans tes CD ? Je peux changer de station radio ? »

La route risque d'être longue si vous tenez tous à entendre vos tubes et artistes favoris. Un bon conseil : acceptez donc le choix du conducteur. S'il devient stressé par votre hip-hop, vous risquez de ne pas vous rendre indemnes à destination.

Les voyages en famille sont longs et chaotiques, et là, je ne parle pas de la route, mais des enfants gâtés que nous sommes tous.

Soyez au moins au courant des principales sources de problèmes : la musique, la vitesse, la température ambiante, l'espace, la boisson ou la drogue, le temps, la propreté, « on est perdus », la vitesse, la police, le partage de la route, les cris, les chicanes, le cellulaire, et j'en passe.

Ils sont multiples, les événements qui peuvent créer des crises et détruire l'ambiance en voiture !

Dans une voiture, tout est sensible : l'accélérateur... et le conducteur. Celui-ci devrait être le seul à décider de tout durant le voyage. Vos envies et vos besoins doivent être exprimés sous forme de questions et, si vous essuyez un refus, repliez-vous vers ce dont vous avez le contrôle : un livre, votre lecteur MP3, votre jeu portatif. Sinon, je vous invite à compter les poteaux, les arbres, les voitures rouges ou le nombre de personnes qui ont les doigts dans le nez dans les voitures que vous dépassez !

Qui tient la porte à qui ?

Petite question de politesse et de savoir-vivre : quand un couple entre dans un endroit, l'homme doit-il passer le premier ? Il a longtemps été d'usage que lorsqu'un couple entrait dans un lieu public, l'homme passait avant la dame. C'était une façon de vérifier qu'il n'y avait pas de « danger » et d'éviter aussi que tous les regards convergent vers cette dame.

Aujourd'hui, l'usage veut que l'homme entre en premier, puis tienne la porte ouverte à la dame qui passe devant lui. Cela n'a rien à voir avec la classe sociale ou le fait d'être féministe ou non. Alors, si quelqu'un vous tient la porte pour vous laisser entrer, allez-y et dites courtoisement merci. Si le garçon ne le fait pas, cela n'est pas grave, vous êtes encore capable d'ouvrir une porte !

Quoi qu'il en soit, n'oubliez jamais de remercier la personne qui vous tient la porte, et ce, même s'il s'agit de votre amoureux, d'un parent ou d'un ami.

Gars ou fille, lorsque vous entrez dans un endroit et que quelqu'un vous suit de près, faites en sorte de ne pas lui claquer la porte au visage. Retournez-vous et assurez-vous que la personne a atteint la poignée. Si la personne est encore trop loin, vous n'êtes pas obligée de retenir la porte.

Un garçon peut vous tenir une portière de voiture, surtout s'il s'agit d'une camionnette et qu'il pense que vous aurez peut-être besoin de son aide pour y grimper. Les règles modernes à ce propos sont très personnelles. Je vous invite à en discuter avec vos petits copains, histoire d'échanger vos points de vue sur le sujet et de faire connaître vos attentes personnelles.

Devant une personne à mobilité réduite ou handicapée

Vous constatez que, devant vous, il y a une personne non voyante ou en fauteuil roulant. Nous croyons que ces gens ont tous besoin de notre aide pour traverser la rue ou ouvrir une porte, mais c'est faux. Alors, avant de vous en mêler, assurez-vous que votre geste sera apprécié... et utile.

Une simple approche verbale ou un simple geste de votre part, et la personne vous signalera son souhait. Il arrive que les gens avec des handicaps soient eux aussi impatients et ne désirent pas être considérés comme « différents ». Avoir souvent besoin d'aide peut certainement devenir frustrant pour un être humain. Vous pouvez aider ces personnes comme vous le feriez pour une femme enceinte ou une personne âgée. Mais ne vous imposez pas.

> *- Tu peux le dire, maman ! L'autre jour, j'ai voulu aider un non-voyant à traverser la rue et il a refusé. Il ne voulait pas de mon aide !*

Si vous devez partager votre quotidien (au travail ou à l'école) avec une de ces personnes, je vous conseille de discuter de ses attentes vous concernant. Se rendre simplement aux toilettes ou dans le secteur des photocopieuses peut être pénible pour certaines d'entre elles. Vous aurez alors le sentiment de lui être vraiment utile, et elle n'aura pas à vous le demander chaque fois.

Plus vous en saurez sur sa condition, moins vous risquerez de la blesser dans sa dignité.

L'utilisation et le partage de la technologie

Le café Internet, la salle d'informatique de l'école, le cellulaire..., il y a de multiples façons de « communiquer » vos microbes ! Les bactéries survivent longtemps sur le clavier d'un ordinateur. Ces bactéries, vous les transportez jusqu'à votre visage, vos yeux et votre bouche.

L'ordinateur portable est un compagnon merveilleux pour travailler à l'extérieur de la classe ou de la maison. Respectez l'espace de ceux qui partagent ces endroits publics avec vous. Dernièrement, j'ai vu une jeune fille passer le fil d'alimentation de son ordinateur portatif sous les jambes de son voisin de table au café du coin... De quoi créer tout un malaise pour ce pauvre homme.

Facebook, Twitter, YouTube et les autres médias sociaux sont de fantastiques outils de communication, mais l'information ou les photos qu'on y dépose ne peuvent être retirées d'Internet comme par enchantement, à notre guise. Une jeune fille qui se respecte ne déposera sur ses profils que des photos avec des poses et des vêtements respectables et pas trop suggestifs.

Il est strictement interdit de déposer des photos d'une tierce personne sans avoir son autorisation écrite. Ne donnez votre mot de passe à personne et ne laissez pas vos amis accéder à vos sites personnels sans être présente dans la pièce.

Quelqu'un m'a déjà dit avoir laissé son ami devant son Facebook ouvert, le temps d'aller aux toilettes. En revenant, son copain avait écrit des mensonges sur sa page et il était trop tard pour les enlever. Vous quittez la pièce ? Sortez de votre page.

L'ordinateur familial doit être utilisé de façon à respecter tous ceux qui le partagent. N'y déposez pas des photos séduisantes d'une amie, surtout si elle n'est pas majeure ! Si l'ordinateur devait être inspecté par les autorités policières, vous pourriez mettre les adultes de la maison dans l'embarras. La recherche de pédophiles est implacable.

Les dix règles d'utilisation d'Internet

1) Je ne modifierai pas les **PROGRAMMES** de l'ordinateur de la maison.

2) Je n'irai pas sur des sites **PAYANTS** qui ne me sont pas destinés.

3) Je n'irai pas sur des sites **PORNOGRAPHIQUES**.

4) Je ne partagerai pas mes **MOTS DE PASSE** avec mes amis.

5) Je ne déposerai aucune photo **COMPROMETTANTE** de moi ou des autres.

6) Je ne ferai pas de **MENACES** aux autres par le moyen d'Internet.

7) Je ferai des efforts pour utiliser une **ÉCRITURE** soignée et lisible par tous.

8) Je remettrai mes **MOTS DE PASSE** à mes parents.

9) Je m'assurerai de **CLAVARDER** avec des gens que je connais déjà.

10) Je **SIGNALERAI** aux autorités ou à mes parents toute situation inquiétante dont je serais témoin.

Le bénévolat, une ressource « payante »

La plupart des personnes ont tout ce qu'il faut d'humanité pour aider leur prochain, sans rien demander en retour. Eh bien, sachez qu'il est vraiment « payant » de donner de son temps pour faire du bénévolat. Outre la fierté personnelle de l'accomplissement, vous rendre disponible et apporter une forme d'aide à ceux qui en ont besoin est la meilleure façon de vous valoriser et de vous sentir utile.

Dans les hôpitaux, les résidences de personnes âgées, les événements sportifs ou les fêtes sociales, il y a toujours des bénévoles. Une multitude d'organisations existent dans un seul but : apporter de l'aide aux personnes dans le besoin. Notre société ne pourrait vivre sans ces organismes qui voient au mieux-être des malades et des plus démunis.

Comme dans toute chose, il faut savoir choisir le milieu qui vous inspire. Si vous aimez l'art, n'allez pas faire du bénévolat dans un milieu sportif. Prenez le chemin des organismes qui effectuent des collectes de fonds dans le domaine artistique. Si vous aimez donner du réconfort, dirigez-vous vers les personnes malades ou âgées. Bref, cherchez un milieu que vous aimez, cela sera plus facile de donner vos heures sans compter.

Afin d'éviter que certaines personnes n'abusent de votre gentillesse, soyez claire dès le départ sur vos disponibilités et vos attentes. Pourquoi ne pas mettre vos conditions sur papier ?

Par ailleurs, le bénévolat est un des moyens les plus efficaces pour se faire des amis. Peu importe si vous donnez deux ou dix heures, vous partagerez des expériences inoubliables.

Développez votre culture personnelle

Par culture, on n'entend pas, bien sûr, faire pousser les légumes. Cependant, la culture personnelle « pousse » en nous à mesure qu'on la nourrit. Nous devons donc « alimenter » notre culture un peu chaque jour.

Votre culture personnelle vous aidera à faire bonne figure et à démontrer que vous êtes bien plus qu'une « plante verte » – c'est-à-dire une personne qui n'a rien à dire, qui ne connaît rien et qui n'a pas d'opinion.

Peinture, danse, musique, théâtre, cinéma, lecture... le choix des champs à cultiver est varié. Certes, vous n'êtes pas obligée de tout aimer, mais apprenez à profiter des événements qui se présentent à vous pour ouvrir vos horizons. Il y a du bon et du beau dans tout.

Les sorties scolaires (même au musée) sont des événements privilégiés pour apprendre de nouvelles choses sur le monde. Ayez l'esprit ouvert et laissez-vous entraîner dans le processus de préparation de ces activités pédagogiques qui feront de vous une personne « cultivée ».

> *- Oh ! maman ! Francis et toi aimez bien la musique classique. Moi, je préfère le hip-hop et la pop. La musique de mon temps, quoi !*

Comment se fait-il que les plus grandes vedettes telles que Bono, le chanteur du groupe U2, Beyoncé ou Céline Dion engagent des musiciens de formation classique dans leur groupe afin d'avoir autour d'elles les meilleurs musiciens du monde ?

CHAPITRE 16

LES BISOUS ET LES POIGNÉES DE MAIN

Je bise, tu bisous, il french kiss...
pas avec tout le monde

Plusieurs jeunes adultes se passent joyeusement l'herpès (feux sauvages) sans trop savoir qu'il s'agit d'une maladie extrêmement difficile à contrôler. Même entre les crises (le moment où le bouton apparaît autour des lèvres), la personne reste potentiellement contagieuse. De quoi ralentir vos ardeurs ?

Nous avons tort de croire qu'il faut donner la bise à tous ceux et celles que nous rencontrons parce que nous sommes des femmes. Serrer la main ou faire une simple accolade serait préférable. Vous rencontrez des gens d'autres nationalités ? Laissez-les vous montrer leurs coutumes et vous verrez que peu de gens sont aussi « bécoteux » que les Québécois.

Le baiser est le premier vrai contact intime avec une personne. Lorsque vous désirez montrer votre affection et vous rapprocher de votre amoureux, vous lui présentez les lèvres. Des lèvres pulpeuses, mais pas mouillées ! Il faut préférablement fermer les yeux lorsqu'on embrasse quelqu'un, forme de démonstration de confiance.

> **RÈGLE :**
> Si vous n'êtes pas assez proche de quelqu'un pour lui faire une VRAIE bise sur la joue, contentez-vous de lui serrer la main. Évitez les « smacks » bruyants qui sont, à mon avis, embêtants pour ceux qui les reçoivent.

Si votre amoureux tente une entrée avec la langue, ce qu'on appelle au Canada le *French kiss*, il faut d'abord vous assurer que vous êtes prête à l'accepter. Vous êtes prête et vous aimez beaucoup ce garçon ? Allez-y mollo. Pas la peine d'aller vérifier si ses dents de sagesse sont en train de pousser ! De grâce, aussi, n'oubliez pas de respirer !

Le baiser est précieux. La Belle au bois dormant a attendu des centaines d'années avant d'avoir le bon partenaire : prenez votre temps vous aussi. Enfin, je ne vous dis pas d'attendre cent ans, mais ne soyez pas celle dont on parle dans toute l'école parce qu'elle a embrassé tous les garçons !

Les souvenirs qu'on aimerait laisser

J'ai tellement de plaisir à me rappeler ces moments particuliers de mon adolescence où j'ai fait confiance à certains petits amis en leur offrant mes premiers baisers de jeune fille.

> **RÈGLE :**
> Lorsqu'on invite une langue à danser dans sa bouche, on s'assure que le plancher de danse est propre et que l'on n'a qu'un seul partenaire pour valser. Évitez les danses en ligne !

Vous savez que le premier baiser est un moment dont on peut se rappeler toute sa vie, et ce, même si l'on n'est plus avec cette personne. Ne dispersez pas vos baisers comme des confettis.

Votre réputation est précieuse, ne faites rien que vous pourriez regretter plus tard. Pensez à ces vedettes du cinéma qui traînent un passé troublant. Elles ne pouvaient savoir à ce moment-là que leurs agissements viendraient les hanter à l'âge adulte. Vous êtes la seule protectrice de votre réputation et du respect que les autres vous porteront. Quel souvenir aimeriez-vous laisser à vos confrères d'école, souvenir qu'ils vous remémoreront lorsqu'ils vous croiseront vingt ans plus tard ?

> *- Maman, tu as de la difficulté à te rappeler ce qu'on a mangé la veille !*
>
> *- En effet, Kassandra, mais je n'oublierai jamais la première personne que j'ai embrassée avec passion.*

Faire la bise

Passons à la section mécanique de la bise. Lorsque quelqu'un s'avance vers vous afin de vous saluer, il est de VOTRE responsabilité de le tenir, ou non, à distance.

Si vous acceptez de faire la bise à cette personne, vous avancerez votre joue gauche en premier, la gauche étant le côté du cœur, et vous ferez la bise à droite pour finir. Contrairement aux coutumes de certains pays où l'on n'en finit plus de faire la bise, un bécot de chaque côté suffira amplement.

Famille et amis proches : si vous connaissez bien la personne et que son visage semble propre (bien qu'aucun visage ne le soit jamais totalement), collez votre joue sur la sienne. Vous pouvez y ajouter un coin de lèvre, ce qui peut contribuer au sentiment d'appartenance entre deux personnes.

Amis et connaissances : je vous conseille de vous limiter à un très léger contact facial et d'oublier le coin de la lèvre. Certaines personnes vont même jusqu'à simplement présenter la joue et faire un « smack » avec la bouche. Je

> **RÈGLE :**
> Si vous n'avancez pas le visage, la personne ne devrait pas le faire ! Si elle le fait et que vous ne le désirez pas, utilisez le vieux truc du mensonge. Dites : « Excusez-moi, j'ai un problème de santé, une grippe, un léger microbe. » Cela fonctionne à tout coup !

trouve cette pratique du smack particulièrement ridicule, mais je dois avouer qu'elle peut épargner bien des tracas et des craintes sur le plan de l'hygiène.

Confrères de travail, professeurs et employeurs : avancez-vous, l'avant-bras bien droit devant vous à la hauteur de la poitrine et serrez la main de votre interlocuteur en gardant votre position. On ne fait pas la bise à un confrère de travail.

La poignée de main et l'accolade

Nous en avons déjà parlé, mais je me permets de revenir sur le sujet pour vous parler de la poignée de main et des accolades. Commençons par imaginer que votre interlocuteur, comme bien des gens, ne s'est pas lavé les mains après être allé aux toilettes. Qu'il a mangé ou qu'il a manipulé des objets contaminés avant de venir vous prendre la main et de vous donner en cadeau un milliard de bactéries.

RÈGLE :
La poignée de main doit être ferme. N'utilisez que la paume. On ne serre pas les doigts pleins de bagues et on n'écrase pas les cinq petits amis de la personne devant nous. On serre de la main droite, même si l'on est gaucher. La main n'est idéalement pas moite et surtout pas molle.

Attention, je ne voudrais pas que vous ayez une peur bleue de donner la main à quiconque, mais prévoyez le coup et lavez-vous les mains le plus rapidement possible après.

Vous devez vous rendre au petit coin ? Lavez-vous aussitôt les mains. Après avoir séché vos mains, que ce soit sous le séchoir ou avec du papier à mains, pourquoi ne pas conserver un bout de papier ou utiliser votre manche pour tourner la poignée de la porte des toilettes ? Il y a tellement de microbes sur les poignées de porte !

CHAPITRE 17

LE MONDE S'OUVRE À VOUS

L'aéroport, cette porte sur le monde

Voyager, c'est partager temporairement sa vie avec des inconnus dans des lieux lointains. Loin de chez nous, nous n'avons plus le contrôle de certains événements et nous abandonnons le confort de notre lit ou l'odeur rassurante de notre maison pour nous ouvrir à d'autres cultures et à de nouvelles façons de vivre.

L'aéroport, les douanes et l'avion peuvent être en soi révélateurs de votre « savoir-voyager ». Où enregistrer les bagages ? Que doit-on apporter ? À qui doit-on faire confiance ? Ce n'est pas le temps de vous « évader ». N'énervez pas vos parents en allant aux toilettes deux minutes avant l'appel des passagers.

La politesse et l'écoute sont très importantes. Soyez toujours à l'affût de l'appel de votre numéro de vol et de l'heure de votre embarquement qui peut être retardée à tout moment. Arrivez un peu plus tôt, suivez les indications et, dans le doute, informez-vous : cela vous évitera bien des inquiétudes.

Soyez toujours prête pour le passage aux douanes et faites ce que l'on vous demande. Vous êtes nerveuse, et les douaniers le savent. Ne soyez pas familière avec un douanier, qu'il soit de votre pays ou d'un pays étranger. Mêlez-vous de vos affaires et ne vous mêlez pas à des personnes que vous ne connaissez pas. Si elles venaient à se faire interroger, vous y passeriez, vous aussi.

Si vous devez voyager seule, ne faites confiance à personne et surveillez toujours vos valises et votre bagage à main. Gardez votre passeport sur vous, dans une pochette prévue à cet effet.

Dans l'avion ou le train

Vous ne pouvez vous imaginer combien il est primordial pour moi que l'on respecte mon espace vital lorsque je voyage. J'ai facilement chaud et la crainte de tomber dans les pommes me rend nerveuse.

Je ne suis bien que lorsque je suis assise dans mon siège et que je peux me plonger dans un bon livre ou regarder le film que l'on nous propose. Quel malheur quand, soudainement, j'entends le gars derrière moi tenir des propos que je juge d'une platitude inavouable et que, tout à coup, il se met à s'accrocher à mon siège pour se lever.

Voici les règles à suivre dans l'avion ou dans le train :

> **RÈGLE :**
> Cachez dans vos bagages (ou ailleurs) une photocopie de votre passeport et le numéro de votre ambassade dans le pays. Suivez les règles de l'hôtel ou de l'organisation où vous séjournez. Évitez les sorties de nuit sans être accompagnée et si vous sortez, avertissez le directeur de l'hôtel par écrit. Précisez l'endroit où vous allez et l'heure prévue de votre retour.

- Avant d'entrer dans l'avion, décidez si vous garderez votre bagage à main sous votre siège ou dans l'espace du dessus prévu à cet effet. Ne conservez que ce dont vous avez vraiment besoin.
- Lorsque vous vous dirigez vers votre siège, prenez soin de ne pas heurter les personnes déjà assises à leur place. Excusez-vous si vous les frappez par accident.
- Vérifiez bien votre numéro de siège et assurez-vous de vous y rendre rapidement. Placez promptement votre sac et asseyez-vous.

RÈGLE :
On ne laisse pas son cœur dans un autre pays quand on vit au Canada, le plus beau pays au monde !
Si l'amour se pointe au détour d'un voyage, revenez chez vous pour réfléchir à vos projets.
Il n'y a rien comme notre maison et ceux qui nous entourent pour nous aider à faire le point.

- Ne vous appuyez pas sur le dossier du siège d'en avant pour vous asseoir ou vous lever.

- Si vous passez devant quelqu'un, évitez de lui présenter votre fessier et regardez-le gentiment.

- Ne donnez jamais de coups de pied sur le siège devant vous. Si vous l'accrochez, excusez-vous !

- Avant d'allumer votre lumière ou de fermer le rideau du hublot, assurez-vous que vous n'incommoderez pas la personne assise à côté de vous.

- Pour sortir, suivez la file, ne tentez pas de passer devant quelqu'un et exigez la même chose des personnes qui vous entourent.

- Bon voyage ! Un dernier mot : on remercie l'agent de bord de ses bons soins avant de sortir.

- Oh ! maman ! j'ai tellement hâte de voyager ! Je veux aller partout dans le monde. Le Sud, l'Italie, la France, je veux tout voir et tout connaître !

À la découverte d'autres cultures

Que cherchons-nous lorsque nous voyageons ? Du repos ? Connaître d'autres cultures ? Voir des endroits différents ? Il faut avoir l'esprit constamment en éveil afin de revenir chez soi avec des souvenirs agréables et non rester traumatisée pour le restant de ses jours.

Vous rencontrez de nouvelles personnes, mais les règles de sécurité sont exactement les mêmes qu'à la maison. Veillez à ce que vos compagnons de voyage sachent en tout temps où et avec qui vous êtes.

Il existe dans le monde des gens tels que vous qui voyagent pour le plaisir et d'autres qui sont chargés de missions moins acceptables. Des milliers de jeunes filles se font enlever chaque jour, alors restez prudente.

On ne donne son adresse à personne, on ne partage que son courriel avec parcimonie, afin de pouvoir s'envoyer des photos. Encore là, n'envoyez pas de photos trop séduisantes de vous. Vous risqueriez de vous retrouver rapidement sur des réseaux Internet peu recommandables.

Rappelez-vous que des lois différentes des nôtres protègent certains peuples et que tous n'ont pas la liberté que nous, Occidentaux, avons. Les coutumes et les règles de politesse ne sont pas les mêmes partout dans le monde. Dans certains pays, une simple poignée de main ou un regard trop engageant peut vous mettre dans l'embarras face aux autorités.

Avant de partir, informez-vous par Internet des règlements et des lois qui régissent le pays ou la ville que vous allez visiter.

Les voyages éducatifs et scolaires

Toute une année de préparatifs pour enfin vivre cette expérience extraordinaire avec des amis de votre âge ! Plusieurs centaines de dollars durement amassées en lave-auto et ramassage de bouteilles, sans oublier la somme que vos parents ou vous-même avez dû débourser. Vous vous y êtes mis tous ensemble pour atteindre l'objectif et on attend de vous que vous fassiez partie intégrante du groupe jusqu'à la fin.

Voici les règles « non dites » du voyage en groupe :

- Tout ce que vous faites de mal peut nuire au groupe tout entier. Si, à cause de vous, le groupe est fouillé aux douanes, le voyage peut être compromis : vous retournerez tous à la maison et risquerez même la prison.
- Respectez les horaires et le programme de visites. Il est impossible de faire plaisir à tout le monde.
- Dormez quand c'est le temps de dormir (couvre-feu). C'est bien drôle de passer une nuit blanche, mais le lendemain, vous devrez quand même marcher au rythme du groupe.
- Ne donnez pas de rendez-vous ou votre programme de voyage à une personne qui ne fait pas partie du groupe. Vous ne voudriez pas être responsable du vol de vos effets personnels, ou qu'on se serve de vous pour transporter des substances illicites.
- Quand un voyage est réussi, il faut se dire qu'il y en aura d'autres. S'il y a eu des problèmes au cours du premier, les suivants seront remis en question à cause des fauteurs de troubles.

CHAPITRE 18

LE TRAVAIL ET VOS BUTS

L'entrevue pour un emploi, un seul mot : soignée

RÈGLE :
Normalement, on ne rappelle que les gens sélectionnés pour une entrevue, et vous devriez recevoir un accusé de réception par la poste. Vous avez tout de même le droit de rappeler et de demander où en est votre candidature. Cela pourrait être vu, par l'employeur, comme une réelle motivation de votre part.

La recherche d'un emploi, les entrevues à passer, les documents à fournir, tout cela n'est pas une mince tâche ! Mais quel plaisir d'être la personne en qui l'on aura confiance pour accomplir le travail ! Sachez qu'à valeur égale (connaissances et expérience), le seul élément pouvant vous aider à obtenir un emploi est l'attitude que vous adoptez et, ce faisant, l'image que vous projetez.

Évitez les boucles, piercings, grosses bagues et autres. Sachez que certaines entreprises ont des règles vestimentaires strictes. Alors, pour l'entrevue, préférez une tenue sobre, pas de casquette ni d'espadrilles. Habillez-vous selon la circonstance.

- *Maman, je veux devenir directrice. Tu sais que je n'aime pas recevoir des ordres. Si je fais des études en conséquence, crois-tu que je pourrais tout de suite devenir patronne ?*

- *Ma fille, pour aller vers le haut, on commence par creuser un trou. Tu feras comme les autres, tu acquerras ton expérience en montant les échelons et, si tu es qualifiée, tu deviendras ce que tu désires.*

Voici la procédure habituelle d'une entrevue :

- Vous avez remis ou envoyé votre curriculum vitæ.
- On vous téléphone pour vous informer du moment et de l'endroit de l'entrevue.
- Au bessoin, faites répéter les informations pour bien les prendre en note.
- Pour une entrevue, on arrive toujours 15 minutes à l'avance.
- Identifiez-vous auprès de la personne à l'accueil.
- Asseyez-vous bien droite et souriez malgré votre nervosité.
- Lorsqu'elle vous invite à entrer pour l'entrevue, remerciez la personne qui vous a accueillie. Cette personne est généralement les yeux et les oreilles du patron !

> **RÈGLE :**
> Vous êtes jeune, et c'est le meilleur moment d'expérimenter et de choisir des emplois qui sauront vous mettre au défi. Cela vous aidera à confirmer votre orientation de carrière ainsi que vos choix de cours à l'école.

- Respirez profondément avant d'entrer et serrez la main de la personne qui vous reçoit, puis des autres personnes membres du comité de sélection, s'il y a lieu.
- Attendez que l'on vous assigne une place avant de vous asseoir.
- À la fin, on vous remerciera de vous être présentée ; saluez TOUTES les personnes présentes et, si vous le pouvez, serrez-leur la main.

Bienvenue sur le marché du travail

À votre âge, quelles devraient être vos motivations dans le travail ?

- Évidemment, gagner votre propre argent.
- Expérimenter afin de connaître vos forces et vos limites.
- Explorer ce que vous aimeriez vraiment faire comme travail.
- Acquérir de l'expérience dans un domaine choisi.
- Comprendre la hiérarchie du monde du travail.
- Développer votre sens des responsabilités.
- Développer des relations avec les autres.
- Savoir faire face à la clientèle (si le poste l'exige).
- Développer votre sens de l'organisation.
- Apprendre à respecter un horaire.
- Accomplir des tâches qui ne vous plaisent pas toujours (avec le sourire).
- Apprendre à gérer vos finances et votre compte en banque.
- Payer vos dépenses personnelles.
- Aider vos parents en collaborant à certaines dépenses de la maison (comme Internet).
- Payer votre compte de téléphone cellulaire.

> **RÈGLE :**
> Que vous soyez responsable ou non d'une situation, toute erreur à votre travail doit être signalée à votre supérieur immédiat. Il saura réagir pour éviter qu'une telle erreur ne se reproduise. Dites à la personne qui a commis l'erreur de la signaler. Si elle ne le fait pas, faites-le.

Faites-en plus que pas assez !

1- Votre responsable vous demande de balayer l'entrée. Vous remarquez que les plateaux ont besoin d'être nettoyés. Que faites-vous ?

- ○ A- Vous allez nettoyer les plateaux avant d'aller balayer.
- ○ B- Vous nettoyez à fond les plateaux, car ils sont vraiment sales.
- ○ C- Vous demandez la permission au responsable d'accomplir les deux tâches.

2 - Votre patron vous demande de rester deux heures de plus parce qu'un de vos collègues est malade.

- ○ A- Vous acceptez, même si vous deviez voir votre petit copain.
- ○ B- Vous essayez de trouver quelqu'un d'autre pour rester.
- ○ C- Vous appelez le collègue afin de vérifier s'il est vraiment malade.

3 - Vous êtes en retard pour votre deuxième journée de travail.

- ○ A- Vous appelez pour avertir votre responsable.
- ○ B- Vous êtes trop gênée et n'irez plus travailler à cet endroit.
- ○ C- Vous n'êtes jamais en retard au travail.

4- Vous avez devant vous un client vraiment insatisfait.

- ○ A- Vous essayez de le calmer et de lui faire entendre raison.
- ○ B- Vous allez chercher votre responsable sur-le-champ.
- ○ C- Vous vous excusez, mais affirmez que ce n'est pas de votre faute.

Les gens gentils peuvent aussi réussir dans la vie !

Je me permets, aujourd'hui, de vous dire qu'il est normal de vouloir réussir dans la vie. Je vous le dis, car nous avons trop souvent l'idée préconçue que le « nerd » de la classe est une bibitte bizarre et que tout président de multinationale abuse de ses « pôvres » petits employés.

Drôle de façon de voir la réussite !

Motivés par la jalousie et l'insécurité, certaines personnes qui vous entourent vont essayer de vous convaincre que nous devrions tous être égaux et qu'il est bon de ne pas trop en vouloir dans la vie...

À une certaine période, on nous disait : « Nous sommes nés pour un petit pain ! » Laissez-moi vous dire que vous avez le droit d'espérer la boulangerie au grand complet ! Ne laissez personne vous convaincre que les patrons, directeurs ou décideurs sont toutes des personnes qui marchent sur les autres pour réussir.

Les week-ends, remarquez le nombre de voitures de luxe sur les routes. Ces gens sortent de chez eux, peu importe le moment, pour assurer le succès de leur entreprise. Vous appliquer et vous impliquer dans votre milieu vous assurera respect et avancement.

Vive la présidente !

On essaie de vous convaincre que vouloir réussir n'est pas une bonne idée ?

Voici quelques phrases et leur contraire afin de vous déprogrammer...

- Elle s'est enrichie sur le dos des autres...
- **Elle offre des emplois à plus de 50 personnes !**

- Il est riche, ce doit être un voleur...
- **Il travaille de longues heures pour y arriver !**

- Moi, je veux un poste de direction et un gros salaire tout de suite !
- **Rome ne s'est pas bâtie en un jour. Il faut savoir grimper les échelons un a un.**

- Pour qui te prends-tu de vouloir réaliser ce rêve de fou ?
- **Personne n'a le droit de décider de mes rêves !**

- Tu ne réussiras pas, ce projet est voué à l'échec...
- **Qui ne tente rien n'a rien... Je fonce !**

- C'est vrai, maman, j'entends souvent des adultes dire : « Celui-là, il a réussi, il doit être un voleur, il ne doit pas être souvent à la maison. On sait bien, il ne s'amuse jamais. »

- Toutes ces phrases destructrices montrent simplement que la personne qui les prononce a un sérieux problème avec le fait de réussir dans la vie et d'être un gagnant. Pire que cela, elle essaie de vous convaincre de ne pas essayer. N'adhérez pas à de telles idées !

Présentation orale ou devant public

Il y a des moyens très simples de devenir un bon orateur et de rester calme. Premièrement, vous devriez comprendre que tout le monde est nerveux à l'idée de devoir parler en public, mais que la façon dont vous gérerez la situation vous permettra de vous améliorer. Deuxièmement, dites-vous que vous devez respecter ceux qui prennent la parole avant vous et que votre rôle est de les mettre le plus à l'aise possible.

RÈGLE :
Ma voix et mes idées sont claires. Si je me trompe, je poursuis sans m'arrêter. Peut-être que les gens n'ont pas remarqué.

La meilleure façon de se calmer, c'est d'être prête. Ne soyez pas gênée de demander à vos parents ou amis de vous écouter répéter votre allocution.

Lisez plusieurs fois votre texte, à haute voix et fort. J'irais même jusqu'à vous dire d'exagérer au niveau du timbre de la voix en lisant **L.E.N.T.E.M.E.N.T.** Vous y voilà !

- Respirez profondément.
- Regardez les gens dans les yeux.
- Nerveuse ? Regardez le mur du fond.
- Ne bougez pas d'un pied à l'autre (mouvement du pendule).
- Ne laissez pas vos bras pendre de chaque côté.
- Parlez lentement et prenez le temps de vous entendre.
- Si vous faites une erreur de prononciation, ne la faites pas remarquer.
- Remerciez toujours les gens de vous avoir écoutée.

Le travail d'équipe ou savoir prendre VOTRE place dans une équipe

Que ce soit à l'école ou sur le marché du travail, nous devons vivre et travailler en collaboration. Qui peut se vanter de n'avoir besoin de personne ? Il faut donc dès que possible savoir prendre sa place au sein d'un groupe. Savoir prendre SA place, ce n'est pas se l'approprier de façon indue ou prendre la place de quelqu'un d'autre : c'est trouver la sienne.

Pour savoir quelle serait votre meilleure place dans un groupe, il faut d'abord connaître vos forces et vos points à améliorer, et surtout être franche envers les autres et envers vous-même. Prenez le temps d'apprendre à connaître les personnes qui sont dans votre équipe avant d'imposer vos couleurs et votre force de caractère.

Il y a généralement trois types de personnes dans une équipe :

- **Les chefs-directeurs**
- **Les organisateurs-créateurs**
- **Les profiteurs-paresseux**

Mais attention, chacun d'eux peut se retrouver dans cette sous-catégorie :

- **Les peureux-opportunistes**
- **Les manipulateurs**

Il faut un bon plan !

Il est primordial d'établir un plan de travail en tenant compte des trois types de représentants au sein de l'équipe. Même le « profiteur-paresseux » a son rôle à jouer, puisque c'est souvent lui qui va vous simplifier le travail en coupant court dans les détails inutiles ou qui font perdre du temps. Laisser de la place aux autres, même si on se retrouve deux dans la même catégorie, assurera la réussite du projet. Deux chefs-directeurs peuvent partager la direction du projet en le divisant.

> **RÈGLE :**
> Faites accepter par tous un plan de travail et suivez ce plan. C'est le seul outil dont vous bénéficierez pour vous défendre si les choses tournent mal.

Il faut toujours garder un œil avisé sur la sous-catégorie des « peureux-opportunistes-manipulateurs » qui, à eux seuls, peuvent détruire toute possibilité de réussite d'un projet.

Enfin, le travail d'équipe veut aussi dire reconnaissance d'équipe. Partagez les succès et remerciez toujours vos partenaires, quelle qu'ait été leur collaboration. Ils porteront alors leur propre jugement sur leur attitude.

Avoir du succès peut venir d'un coup de chance, mais la chance n'a rien à y voir pour conserver ce succès.

Votre première valise est maintenant pleine !

Quel beau voyage vous ferez avec une valise pleine de confiance en vous ! Je suis fière de vous, car vous avez démontré que vous êtes capable de lire des pages entières questionnant vos habitudes et vos comporte-ments, et que vous n'avez pas eu peur d'oser les chan-ger pour vous améliorer.

Quelle belle jeune fille vous deviendrez en prenant le temps de réfléchir à vous et aux gens qui vous entourent ! On recherchera votre présence tant vous serez une personne intéres-sante, consciente de ses qualités et de ses points à améliorer.

Vous avez compris que la confiance vient avec la bienséance et que le respect est une valeur sûre. Bien entendu, rien n'est gagné à l'avance, mais continuez d'avancer, c'est ce qui compte. Bon voyage !

Humblement, je vous salue !

Sandra Paré

L'auteure est disponible pour des conférences :
www.sandrapare.com
Partagez vos opinions avec nous sur le
Facebook « Savoir vivre, c'est facile ».

REMERCIEMENTS

Merci à tous ceux qui, de près ou de loin, m'ont encouragée dans ce projet. Mes recherches pour écrire ce livre m'ont permis de constater que dans toutes les règles sociales établies par les adultes au fil des siècles, on avait oublié le caractère particulier des adolescents et adolescentes.

Kassandra, ma fille, tu as été ma grande inspiration, puisque ta vie est celle de toutes ces jeunes filles qui désirent vraiment devenir meilleures et qui acceptent de s'améliorer tous les jours. Merci d'avoir été mon « canevas » et de faire partie de cette aventure.

Francis, mon mari, tes conseils et tes commentaires constructifs furent appréciés. Ce livre n'aurait jamais vu le jour sans la collaboration de « Monsieur le directeur ». Merci d'être toi !

Annie et Louis-Philippe, vous êtes des personnes d'exception. Comment aurais-je pu faire de ce livre un succès sans votre collaboration ? Votre spontanéité et votre respect m'ont guidée.

BIBLIOGRAPHIE

Maguelonne Toussaint-Samat et Thérèse Roche,
Virginie a 14 ans ou *le nouvel art de vivre*,
Éditions Magnard.

Janette Bertrand et le docteur Réal Chenier,
Maman, dis-moi... tout sur les menstruations,
Johnson & Johnson.

Michel Lauzière,
Dictionnaire inutile... mais pratique,
Éditions au Carré.

Mark Bonner,
*Tant de bouches à guérir... des parasites qui
les vampirisent. Vaincre la parodontite,*
Éditions Amyris.

Estelle Vereeck,
PRATIKADENT,
Éditions Luigi Castelli.

TABLE DES MATIÈRES

LA VERSION POUR GARÇONS
À PARAÎTRE BIENTÔT...

Le maître en soi, France Gauthier, Pierre Lessard
Tout se joue à chaque instant, France Gauthier, Pierre Lessard

LOISIRS
Bulletin annuel de l'auto 2007, Philippe Laguë
Le Québec en mots croisés, Nicole Hannequart
Le Québec en mots croisés, Tome 2, Nicole Hannequart
Pourquoi mon chat fait-il ça ? Cahier tout connaître

LIVRES JEUNESSE
Tome 5, La revanche de Xibalbà
Tome 6, Les guerriers célestes
Tome 7, Le secret de Tuzumab
Tome 8, Le soleil bleu
Tome 9, Il faut sauver l'Arbre cosmique
Tome 10, Le mariage de la princesse Laya
Tome 11, La colère de Boox
Tome 12, Le fils de Bouclier
Le codex de Pakkal
Le deuxième codex de Pakkal
Les enfants de Poséidon, Sylvie-Catherine de Vailly
Tome 1, La malédiction des Atlantes
Tome 2, Les lois de la communauté
Tome 3, Le retour des Atlantes
Tome 4, Nekonata Tero
Les derniers millénaires, Guillaume C. Lemée
Tome 1, Dans l'ombre du Sbire
Tome 2, Terram

ROMAN
Jordane, Monique Laroche
Le royaume (La prophétie), Nathalie D'amours
Agoramania, Maxime Roussy

IMPRIMÉ AU CANADA